中国古代方术丛书

中国古代式占

陈居渊 著

对于现代人来说，方术是个既熟悉又隔膜的现象。有的人笼统地把方术等同于迷信，这其实是不大恰当的。如果就学术与科学的关系而言，更不能简单地将它予以否定。

本书从勾勒式占的起源、表现形式及基本特征着手，通过对奇门遁甲术的重点剖析，深入浅出地介绍了式占的基本内容、理论及语言模式，并从文化研究的角度加以诠释和评价。

九州出版社
JIUZHOUPRESS

图书在版编目(CIP)数据

中国古代式占/陈居渊著. —北京：九州出版社，2008. 9

(中国古代方术丛书)

ISBN 978-7-80195-920-1

Ⅰ.中… Ⅱ.陈… Ⅲ.占卜—研究—中国—古代 Ⅳ.B992.2

中国版本图书馆 CIP 数据核字(2008)第 147934 号

中国古代式占

作　　者 陈居渊 著

出版发行 九州出版社

出 版 人 徐尚定

地　　址 北京市西城区阜外大街甲 35 号(100037)

发行电话 (010)68992190/2/3/5/6

网　　址 www.jiuzhoupress.com

电子信箱 jiuzhou@jiuzhoupress.com

印　　刷 九洲财鑫印刷有限公司

开　　本 720×1050 毫米 1/16 开

印　　张 13.25

字　　数 150 千字

版　　次 2008 年 10 月第 1 版

印　　次 2008 年 10 月第 1 次印刷

书　　号 ISBN 978-7-80195-920-1/B·258

定　　价 32.00 元

引　言

占卜术是世界性的历史文化现象，生命力颇强，早在原始社会就已产生，直到今天仍成为世界性的热门话题。与世界各国的占卜术相比，中国传统文化的式占，却有着自己独特的源流、方法、观念和社会文化价值及地位。要全面而深入地了解中国庞大而丰富的传统文化及其内涵，不能将式占置之不顾。

式占一直被认为是神秘、迷信的，长期以来，已有意无意地被划入不值得研究或不准许研究的禁区。又因其本身光怪陆离，而被当成糟粕，并为文化人所不齿，被摈弃于中国传统文化史研究范畴之外。也正因此，人们对式占的认识更加隔膜和模糊。诚然，式占不符合现代自然科学的框架，但要了解乃至弘扬中国传统文化，不可因此而把传统文化体系中的这一有机部分割裂。

令人感慨的是：式占早已风靡欧美、日本等国，并为海外异域人士所瞩目，其中原因固然杂有猎奇的成分，但也不无深刻的社会根源。它启示人们：式占绝非一团糟粕，不可概之为虚无。

当今，随着对传统文化的日益重视，作为一种文化现象，式占在国内已逐渐被人们谈论，并引起浓厚的兴趣。伴随着这种兴趣与好奇心而来的，是极需要有深入浅出地介绍式占的读物，本书便是为适应这种需求而写的。

目前，虽然已有一些学者对式占进行了新的探索，并取得了一定的成果；但在一般情况下，人们仍只将式占当作一种时髦古董，或冠之以玄学色彩，或附以种种雅号，与科学等量齐观；或将之与宗教糅和混杂，片面夸大了式占的深奥与魅力，给式占增覆了一层现代色彩的神秘面纱。至于式占究竟是何物，如何发展、演变，其理论基础与依据何在，对传统文化有哪些具体影响等，至今仍是一片迷惘。

本书从勾勒式占的起源、表现形式、各种特征着手，借着对式占集大成——奇门遁甲术的重点介绍，试图寻找上述问题的答案，推导式占的主导思想与语言模式，并试图从文化的角度对此作出诠释与评价。

目　录

图 录

第一章　式占起源、形式及特征

式占是人类最古老的文化现象之一，它的内容十分广泛，古代的降神、扶乩、关亡（召魂）、占梦、祈雨、驱疫、符咒、厌胜等，均可划归式占之列。但不管它的表现形式如何复杂，总是凭借虚构的“超自然力量”，并通过一整套神秘活动，来影响或控制事物和环境，从而谋求实现某种个人愿望。

在人类文化史上，式占曾经渗透了社会生活的各个方面，与原始信仰、古代天文和历算等有着密切联系。在政治上，由于中国商周时期普遍存在着对天帝至高无上的崇拜，式占以求神问卜的方式，直接或间接地支配军国政事。

在世俗生活中，式占又通过通神事鬼、禁咒画符、印剑镇妖、设坛禳灾、止风祈雨、占卜扶乩等手段，为人们安宅镇墓、驱瘟治病、降妖除怪，因而在有着深厚迷信土壤的封建时代，式占也一直能够代代相传，长盛不衰。

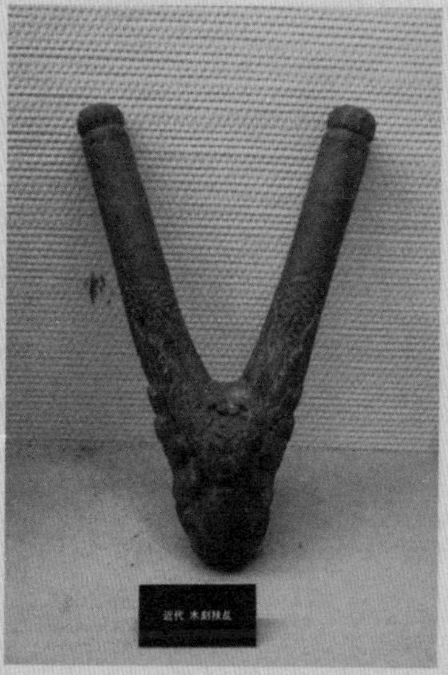

图 1　近代木刻扶乩(藏于福建省泉州市闽南缘博物馆)

一　式占的起源

式占之名首先见于《唐六典》："凡式占，辨三式之同异，一曰雷公式，二曰太乙式，并禁私家畜，三曰六壬式，士庶通用之。"式占之"式"字，专指古代占卜用的工具，如《史记·日者列传》就有"分策定卦，旋式正棋"的记载。唐代学者司马贞在解释该句时说："栻即杖也，栻之形上圆象天，下方法地，用之则转天网加地之辰。"因此，式占也就意味着一种必须凭借某种工具的预测术。《唐六典》所谓的三式，一般特指"太乙术"、"六壬术"、"奇门遁甲术"三式。

三式的起源，据上古时的神话传说所载：在远古时期，轩辕黄帝曾与蚩尤在一个称作"涿鹿"的原野上展开了一场惊心动魄的大决战，结果黄帝接受了九天玄女所赐的六壬、遁甲、兵符、印剑、图策等秘诀，最终在蚩尤布下的迷雾阵中擒获蚩尤，取得了决定性的胜利。当然，这仅仅是传说，难以证实。

图 2　轩辕黄帝像

三式作为预测术，首见于《周礼·春官宗伯》"大史"条说："大师，抱天时，与大师同车。""抱天时"，据汉代学者郑玄解释是"抱式以知天时"，这"式"便是指预测工具。后汉赵晔所撰《吴越春秋》讲伍子胥劝说吴王时，用到“大吉为白虎而临辛，功曹为太常而临亥”。大吉临辛即丑将辛时占，功曹临亥即寅将亥时占，这显然是六壬式占法。又据《吴越春秋》记述六壬占的上文有“金匮第八”字样，经有关学者考证，六壬式的内容很可能是指《汉书·艺文志》中所收录的《堪舆金匮》。据《史记》记载：西汉武帝刘彻有一次想知道某一天为儿子娶媳妇是否吉利之日，于是召集当时各派有名的占卜家来到宫廷，征求他们的意见。回答却众说纷纭。其中五行家说可以，堪舆家说不能，建除家则认为有欠吉利，而丛辰家干脆断以大凶，历学家又说为小凶而非大凶，太乙家则认为大吉，互相辩驳，相持不一，最终只能提请到刘彻本人择定。汉武帝下诏说，避凶忌应以五行家为正确，所以接受了五行家的意见。

图3　蚩尤(汉代画像石拓本)

我们姑且不论其争论到底是否有意义，但可确切地说，三式作为预测术而被广泛运用当在秦汉之际。《艺文类聚》引梁元帝《洞林序》说：“羡门五将，亟经玩用；韩终六壬，常所宝爱。”韩终据考乃秦始皇时代人。

式占在汉代已出现于正史，如《后汉书·方术列传》记载：“乃河洛之文，龟龙之图，箕子之术，师旷之书，纬候之部，钤决之符，皆所以探抽冥赜，参验人区，时有可闻者焉。其流又有风角、遁甲、七政、元气、六日七分、逢占、日者、挺专、须臾、孤虚之术……”1978年，安徽阜阳县双古堆出土了“太乙九宫占盘”，此盘是从墓主夏侯灶墓葬中发现的。据有关学者考证，夏侯灶死于汉文帝十五年（公元前165年）。显然，太乙九宫占盘作为随葬品，也许年代可追溯到更早一些。此盘与现流行的六壬式盘和奇门遁甲式盘相类似（详见第三章：式占的罗盘）。当然，式占在秦汉之际受到了官方的重视和认可，但主要是为宫廷服务，而作为主要预测术的广泛应用，则是在魏晋之后。

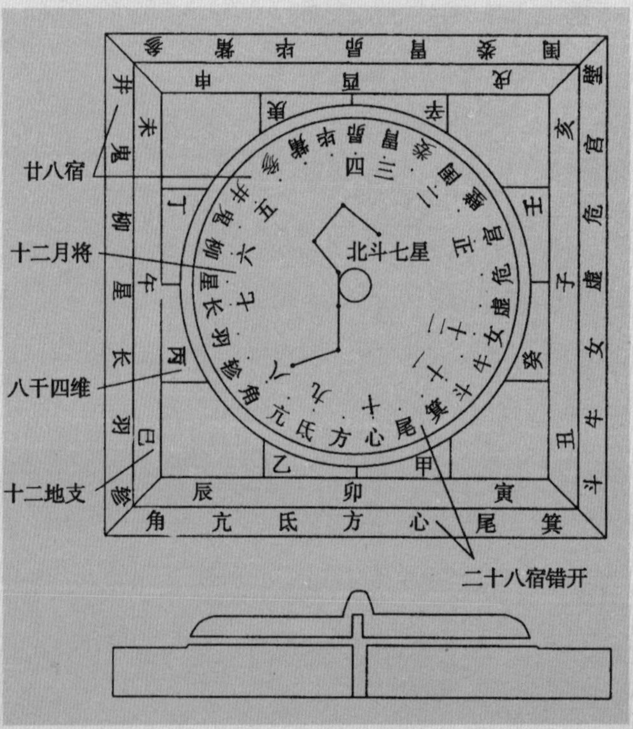

图 4　汉代栻(六壬式盘)

二 式占的表现形式

式占作为占卜术的一种，与占卜相比，既有相类似的一面，又有截然不同的另一面。相同的是，都是人们借以预测个人乃至国家生死存亡、吉凶祸福的手段；不同的是，由于各地区、各民族所处的自然环境和社会环境不同，也由于同一地区或同一民族在不同的历史时期中所处的自然条件和社会条件不同，所以占卜呈现出多种多样的表现形式。

占卜在中国有着悠久的历史，至今大约有数千年之久。占卜在夏代已经盛行。河南偃师二里头遗址出土的一些牛羊遗骨，便是当时人们从事占卜活动的实物。这些原始卜骨仍保持着牛羊骨的形状，未经任何修饰，这说明夏代的占卜形式还属初级阶段。《汉书·艺文志》载有《夏龟》二十六卷，列在蓍龟类。这部占卜书是否系夏代流传下来，今天已无从稽考，但从商代出现《龟册》一书来推测，《夏龟》的出现仍自有其渊源，至少可以认为是商人对夏代占卜活动的记录汇编。

图5 武丁时期的龟甲

继夏而建立的殷商，是中国奴隶社会占卜的鼎盛时期，而它的占卜表现形式虽然还是沿袭了夏代的牛羊骨卜，但最

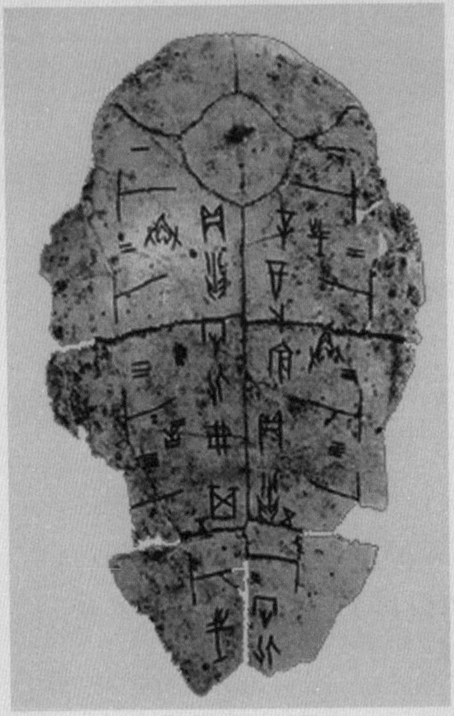

图 6 龟甲占卜文

盛行的是“龟卜”。龟卜，是用龟的腹甲来从事占卜活动。首先将龟腹甲削治平滑，然后在上面钻出若干坑眼，最后用火烧灼坑眼处，烧灼的结果，就会在腹甲的四周崩裂出各种裂纹，这些裂纹占卜上称之为“兆形”，根据这些兆形来判断出吉凶。

骨卜，殷商较之夏亦有了改进，一般是用牛、羊、猪、鹿等动物的肩胛骨。首先将脊骨连根削去，露出肩胛骨里面多孔的粗涩面，骨臼有的切去一半或不到一半，保留臼角，或保持原有形状。然后，用钻子在骨的正面或反面钻孔，孔与孔之间距离较近。而后再用火将其烧灼，使孔周围出现各种裂纹，按照这些兆纹判别吉凶。

殷商时期，龟卜和骨卜是占卜的主要表现形式，但运用起来还是有区别的，国家占卜用龟，民间占卜仍用牛羊骨。在朝廷内部，大事则用龟卜，如祭祀；其他事情则用骨卜，如田猎占卜用胫骨，征伐占卜用肩胛骨等。正如《史记·龟策列传》称：“三王不同龟，四夷各异卜，然各以决吉凶。”

秦汉之际，古老的龟骨占卜术虽然还有人运用，但逐渐为后起的以《周易》为主的卜筮所淘汰，而以“太乙”、“六壬”、“遁甲”为主要代表的式占也悄然兴起，它的占卜表现形式更与龟卜、占筮术大相迳庭。

式占从事占卜活动的表现形式最显著的特点便是施用罗盘，它不需要诸如龟卜那样必须按照用火烧灼的兆纹，也不需要

《周易》占筮那样繁复演算，而是依靠罗盘的旋转，根据罗盘上所显示的具体内容来预测吉凶，如六壬术有上下两盘，上面圆的叫天盘，下面方的叫地盘。在天盘上面，中部北斗星，周围有两圈篆文组成，内圈依次排正、二、三、四、五、六、七、八、九、十、十一、十二，这是代表十二天神，又称“月将”；外圈为二十八宿。地盘四周有三层篆文：内层是八干四维，中层是十二支，外层是二十八宿。所谓八干即指甲、乙、丙、丁、庚、辛、壬、癸这八个天干，四维即四门：天、土、人、鬼。宋代杨惟德的《六壬神定经》上说：“天门在西北，西北者戌亥之间；地户在东南，东南者辰巳之间；人门在西南，西南者申未之间；鬼门在东北，东北者丑寅之间。”又如遁甲术有一组罗盘：最大的盘为地盘，次为天盘、人盘，再次为正反两八诈门盘。此外，用木或象牙做九个测算用的奇子，共两副，一副放置于天盘，一副放置于地盘，按照遁甲术所规定的方法，即依年、月、日、时、冬至、夏至，布奇子于罗盘上，串在一起的

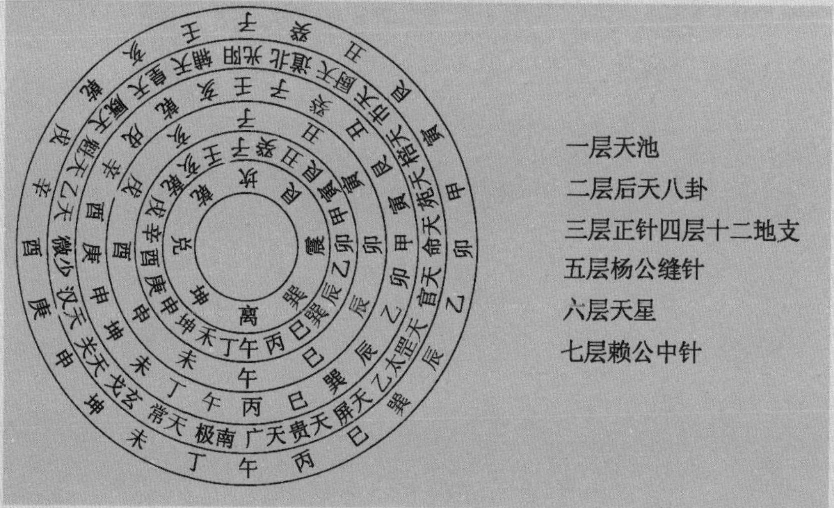

图7　罗盘框架图

四个同轴盘就会在不同时间呈现种种不同的组合，再根据固定的局法解释，便能预测事物的吉凶。（有关式占的预测方法，详见第三章：式占的操作与应用）

由于式占的表现形式有别于“龟骨卜”和“占筮”，而它的预测内容由最先用于行军作战时选择吉日、吉方、吉时，至以后逐渐涉及预测气象及人世间形形色色的吉凶祸福，几乎无所不包，这使它披上了更为古奥莫测的神秘面纱。

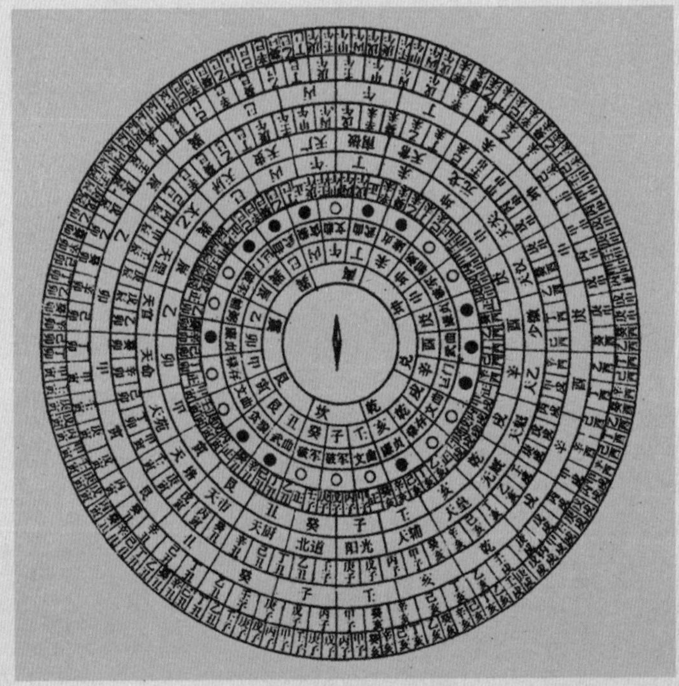

图8　罗盘

三　式占的特征

通过上述介绍，我们已经了解式占的起源和表现形式，那么它们各自又有哪些主要特征呢？现将太乙、六壬、奇门遁甲三式的特征再作分析。

（一）太乙神数

太乙本系星名，在天龙座内，属紫微垣。《史记·天官书》："中宫天极星，其一明者，太乙常居也。"太乙又作"泰一"，传说中的天神。宋玉《高唐赋》："醮诸神，礼泰一。"司马迁《史记》曾将太乙置于五行、堪舆、建除、丛辰、历家、天人等术数七家之一。《汉书·艺文志》收录有《太乙阴阳》二十三卷，然已佚不传。现在尚能考见其面貌的是保存在《周易乾凿度》内的"太乙五行九宫法"。据清代学者黄宗羲考证，此法已"经纬混淆，行度无稽"。

巳 巽九 辰	午 离 二	未　申 坤 七
震四 卯	中 五	六兑　酉
三 艮 寅　丑	八 坎 子	一 乾 亥　戌

图9　太乙宫位图

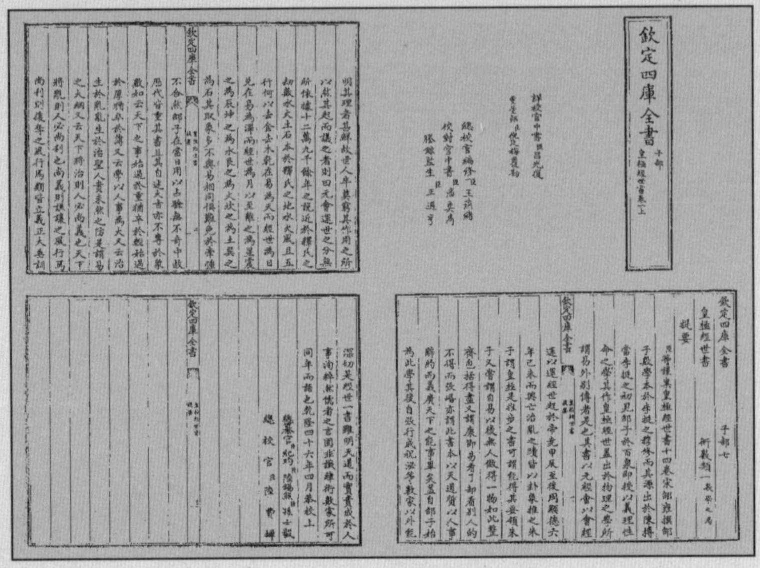
欽定四庫全書

图 10　四库本《皇极经世》书影

太乙统十二运卦象之术与传世《皇极经世》十分相似，是推算国家政治命运、气数、历史变化规律的术数学。据《太乙统宗神数》，上古时有一年冬至日半夜，恰值日月合璧、五星联珠，定为甲子年、甲子月、甲子日、甲子时，称作太极上元，上元甲子以来的年数，叫太乙积年。由太乙积年再求出太乙流年和太岁值卦，以断本年各月的气运吉凶，由此来预测一些重大政治事件和天灾人祸。每年值两卦，共十二爻，每月一爻。太乙数以子月为正月，即以上一年的农历十一月计起。例如，据太乙数推得戊辰年及以后所值之卦，依次为乾之大有、坤之复、屯之比、蒙之损、需之井、讼之履等。

太乙数推算国运兼综年卦和卦爻的大运，如萧子显所撰《南齐书·高帝纪》中就提到利用“太乙九宫占”来验证汉高祖五年、东晋元兴、刘宋元嘉、泰始、元徽、升明年间的政局变化。比如升明元年“太乙在杜门，临八宫，宋帝禅位”。太乙术因预测国家命运多涉及现行政治，为历代封建统治者所忌，社会上流传甚少。1977 年在安徽阜阳县罗庄大队汉代汝阴侯墓葬中，首次发现太乙九宫占盘，为进一步探究太乙式提供了第一手实物依据。

（二）六壬术

也称六壬课。所谓六壬，《四库全书总目提要》云：“大抵数根于五行，而五行始于水，举阴以起阳，故称壬焉，举成以该生，故用六焉。”它与现行民间的文王课相似，是预测人事吉凶成败的占卜之术。其法以占卜时日的干支为基准。先占卜月的季节和日的干支、时的地支六壬课式，配以六亲（父母、兄弟、妻财、官鬼、子孙）、十二天将（青龙、白虎、朱雀、玄武、螣蛇、勾陈、太常、太阴、天空、天后、六合、贵人），以三传（初传、中传、末传）、四课（第一课、二课、三课、四课）的生克关系而断吉凶。六壬术表面虽不用周易象数体系，实际上却与易象相通。例如，其天盘、地盘仿易象二仪，四课则仿四象，三传似六爻，其中元首课、重审课、知一课等六十四种课体则和《易经》六十四卦相配。六壬术的使用范围较广，如《唐六典》卷十四关于六壬式记载：“其用式之法……吉凶悔咎，其数有九，决万民之犹豫，一曰嫁娶；二曰生产；三曰历法；四曰

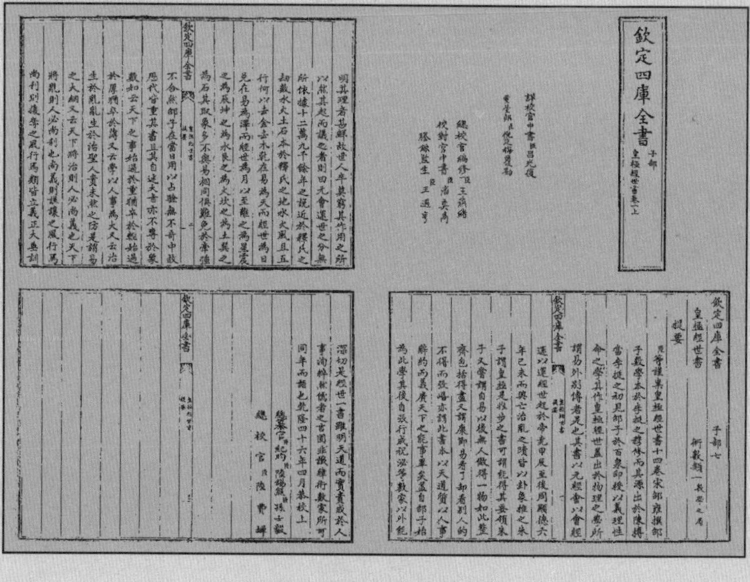
欽定四庫全書

图 11　四库本《六壬大全》书影

屋宇；五曰禄命；六曰拜官；七曰祠祭；八曰发病；九曰殡葬。”六壬术虽仅七百二十式，但断事须结合本人年命，错综复杂，变化万端，自隋代以来便受到一些著名学者的重视和研究。至今，海外学者仍有习六壬术者。著名数学家陈省身（1911–2004）教授就曾著文对六壬预测方法作了论证。

（三）奇门遁甲

遁甲之学是用来选择时间和方向的一种术数。它利用时间和空间因素趋吉避凶，以选择天时、地利、人和的最佳方案为目的。遁甲之学的关键是排局布盘，其天盘为九星（天蓬、天芮、天冲、天辅、天禽、天心、天柱、天任、天英），人盘为八门（休、死、伤、杜、开、惊、生、景），地盘是九宫八卦。排局布盘时以顺仪（戊、己、庚、辛、壬、癸为六仪）、逆奇（乙、丙、丁为三奇）为阳局，以逆仪顺奇为阴局，按年份、节令、时辰将八门、九星、九神（直符、螣蛇、太阴、六合、勾陈、朱雀、九地、九天）在九宫八卦盘上布列成局。冬至到夏至之间阳气回升，用阳遁；夏至至冬至之间阴气渐长，用阴遁。为了将时间的干支和二十四节气密切联系起来，布局时按正授、超神、接气、置闰的规律，将上元符头和节气调整好。这样，就可以排出一种奇门遁甲的日历，从而用以选择时间、方位和占断吉凶。奇门遁甲是和古天文历法之学联系最紧、综合性最强的术数，它将古代术数家创造的阴阳、五行、天干、地支、河图、洛书、八卦、九宫等学说都包容进去，并联系成一个有机的整体。因此，奇门遁甲不仅是式占之最，也是中国的术数之王。

第二章　式占的集大成——奇门遁甲

《奇门遁甲》是中国古代著名的、源远流长的一部预测学专著，而奇门遁甲术与其他各类预测术相比，则更是复杂深奥。作为方术文化的集大成，奇门遁甲无疑是中国“神秘文化”的一个重要门类。长期以来，奇门遁甲在很大程度上被人们神话了，所谓“学会奇门遁，来人不用问”，便是这种神话的具体反映。诚然，我们今天对奇门遁甲术进行探讨分析，不是为增加神秘化，也不是嗜谈它的五花八门的占卜，而是以唯物主义历史观，透过其神秘复杂的外衣，用严肃的科学态度对这一特殊的历史文化现象，给以正确的认识与科学的评价。

一　奇门与遁甲

奇门遁甲，简称“奇门”或者“遁甲”。所谓“奇门”，即是“奇”与“门”的合称。“奇”特指天干中的乙、丙、丁为三奇，“门”特指休、生、伤、杜、景、死、惊、开八门，“奇门”便由此而得名。然而天干中被视为最显贵的“甲”，并没有专门固定的位置，一般隐而不露。既然天干中的甲不露，而乙丙丁又为三奇，余下的戊己庚辛壬癸六个天干便统称“六仪”。甲隐而不露，又不能单独与乙丙丁三奇同处一起，于是只能隐迹于“六仪”之中，故称遁甲。“遁”者，行也，还含有行走或转移的意思。

有关奇门遁甲的产生，众说纷纭。相传在远古时期，轩辕皇帝与蚩尤作战过程中，曾得到一个自称“玄女”的人身鸟首的妇人传授兵法，玄女便是传说中精通兵法的鼻祖。又相传黄帝与蚩尤会战于涿鹿，被迷天大雾所困，几次突围，仍无济于事。这时幸亏王母派了一位人首鸟身的九天玄女给黄帝传授种种神奇的兵法，黄帝才突围战胜了蚩尤。

另一种传说则认为，黄帝命令他的臣子风后按照北斗星斗柄总是指北的原理，制造了一辆指南车。指南车的前座有一个铁制小仙人，伸出手臂直指南方。靠了这辆指南车的指引，黄帝才冲破迷雾打败蚩尤。因此，有人认为奇门遁甲与九天玄女和风后有着直接联系。又如黄帝曾令风后整理河图洛书而成遁甲法，其法造式共三层，表示三才。上层象天，设置九星；中层象人，设置八门；下层象地，设置八卦。又根据二十四个节

图 12　仿制的指南车

气中的冬至和夏至，立阴阳二遁，一顺一逆，以布三奇六仪，同时还设立了遁甲局法一千八十局。也正因此，后来传授遁甲术者，一般均以风后为始祖。今山西芮城县西南端有地名叫“风陵渡”，据说风后死后葬于此得名。《汉书·艺文志》收录有《风后》十三卷、《风鼓六甲》二十四卷、《风后孤虚》二十卷等典籍，虽不能视为完全的奇门遁甲，但恐怕与上述种种传说不无关系。不过《宋史·艺文志》著录有《风后三命》三卷、《风后桎机》一卷，现在传世的仅《风后桎机》一种，清代官方编撰《四库全书》时，把它归入子部兵家类，全文为三章，由汉代名相公孙弘注解、晋代西平太守马隆述赞。《风后桎机》列有传说风后所制的八阵图，其图式详述布兵列阵之道：“衡抗于外，轴布于内，风云附其维，所以备物也；虎张翼以进，蛇向敌而蟠，飞龙翔鸟，上下其旁，所以致用也。至若疑兵以固其余地，游军以案其后,门具将发，然后会战，弛张则二广选举，犄角则四奇皆出。”对此阵式，南宋蔡元定解释为：方阵各竖行之和相等都是二百六十；各横行自下而上，每行递增六十四，排列严整。方阵可以变而为圆阵，每竖行可按八卦方位转化为八个小圆阵，组成一个策应灵活的圆阵图。运转灵活，应对无穷，无懈可击。从《风后桎机》所列兵家阵式，联系上述种种传说，不难看出，古代人们之所以对奇门遁甲推崇备至，

图 13 风后八阵图（藏于河南省新密市档案局）

其中一个重要原因也许是震慑于它在军事方面所起的作用。

奇门遁甲的具体内容与各类占卜术一样，也经历了初创、充实和定型的发展过程。据程道生《遁甲演义》指出，奇门遁甲最初由黄帝首创“奇门四千三百二十局法”。其根据是将一年按《周易》八卦之数分为八节（俗称的“四时八节”之意），每节有三气（相当于今天的二十四节气），每气又有天、地、人三候（又称气候，按照古代历法候小气大，一气管三候），如此累积计算，每一年就有七十二候，每候又有五天，因此一年七十二候便有三百六十天，每天有十二时（按古代历法地支将每天分为十二个时辰，每个时辰相当于两小时，所以十二时辰，也就是今天的二十四小时），总计一年就有四千三百二十小时。遁甲术认为每一小时中便有一种新的局法产生，所以奇门遁甲最初的四千三百二十局法的渊源就来自于此。

面对如此繁复的局法，势必给操作带来很多不便。于是黄帝令风后再作调整，充实奇门遁甲。风后将四千三百二十局法大刀阔斧地削简为一千零八十局，仅剩其原有局法的四分之一。风后具体的做法是将农历冬至这天定为一阳初生之时，并模仿《周易》八卦中的坎、艮、震、巽四卦，每一卦统领三气，四卦共统领十二气。每气三候，共三十六候，配给五百四十局，并称之为“阳遁”。同时，风后又将农历夏至这一天立为一阴始长之时，亦模仿《周易》八卦中的离、坤、兑、乾四卦，每卦同样统领十二气，每气三候，共三十六候，也配给五百四十局，并称之“阴遁”。奇门遁甲局法中的“阴遁”、“阳遁”亦由此而来。阳阴两遁合起来共一千零八十局。由于风后所定局法，其标准仍是将四候撮合起来，并以六十时而定局，那么四个一千零八局，合起来依然是四千三百二十局。不过，风后的贡献在于首先创立奇门遁甲中的阴阳两遁，为后来的充实打下了基础。

图14　姜太公画像

由于奇门遁甲定局的演变，带来了奇门遁甲推演方式的变化。它的首席代表便是周初精通兵法、善布奇阵的姜尚（字子牙，一称姜太公，道号飞熊），他在风后“阴阳两遁”的基础上进一步简化了局法。其基本方法则仍模仿《周易》八卦，分为八节，每节三气，每气三候，一年共七十二候，从而将风后创立的一千八十局改造为七十二个灵活的局势，称之为“活局”，每局六十时，七十二局合起来依然是四千三百二十时。尽管如此，姜尚的活局也启迪了秦汉之际奇门遁甲局法的最后定型，从奇门遁甲推演方式上来看，无疑是一次重大的改革。

奇门遁甲经过上述阶段性的演变，虽然各方面都有了改进，但庞杂繁乱的各种局势仍使人眼花缭乱而不易把握，如何将其再作改进并彻底定型，这项重任便落在汉初帮助刘邦与项羽争夺天下的重要谋略家张良的身上。张良是被公认为对奇门遁甲

图 15 张良

作最后定型的代表人物。他成功地将风后的阴阳二遁局法进一步简化，并使之实用化。如他把“冬至”后的十二气分为三十六候，以四候为一局，形成了阳遁九局。又把“夏至”后的十二气分为三十六候，仍以四候为一局，形成了阴遁九局。合起来由姜尚的七十二局递减为十八局，又称“十八活局”。张良对奇门遁甲的改进，也成为中国奇门遁甲术的最终定型。汉以后历代擅长此术者，都据此来推演奇门遁甲，并一直留传至今。

总之，无论是叱咤周初的姜太公或者是名震汉初的张良，他们对奇门遁甲的改进、定型，也都是以风后的一千零八十局法为基础的，就活局而言，前者七十二种，后者十八种，然而在推演过程中，也同样可以形成四千三百二十种局势。所以古代人们一般把奇门遁甲的创立一直追溯到风后，其理由也许就在于此。

二 奇门遁甲的历史

奇门遁甲作为预测国家政治命运和气数的方术，它的历史贯穿于中国整个封建时代，它的发展变化与当时特定的政坛风云有着直接的联系，大致可分为发展期、鼎盛期、衰亡期三个时期。

奇门遁甲的发展期主要是三国魏晋南北朝时期，虽然在汉初有张良对奇门遁甲的改进和定型，东汉琅琊人赵彦利用遁甲术击破并平息了劳丙与叔孙无忌占领县城的武装起义，但用于预测国家政治命运和气数，及为一般术士利用占卜尚不多见。到了三国魏晋南北朝时期，奇门遁甲得到了迅速的发展。

三国魏晋南北朝时期，社会长期处于动乱状态，不仅政权更替频仍，而且天灾人祸不断。为了安定人心，巩固自己的统治，权贵们往往利用方术、预言来制造舆论，奇门遁甲也得到分外的重视。三国吴国禁都尉陈训就是以精通遁甲术而著名，他的预测无不应验。据载当时地处杭州的钱塘湖开，有青色气体流入洛阳，陈训据此预言吴国将亡，事隔不久，吴孙皓果然归降魏。西晋八王之乱，东海王司马越拜陈敏为将，陈敏乘东归招兵之际，至历阳自立为楚王。陈训见状预测说，陈家无王气，很快将败。果然，在晋怀帝永嘉元年（公元 307 年）被顾荣所杀。又永嘉四年（公元 310 年）刘聪、王弥攻洛阳。晋历阳太守武瑕求请陈训预测晋的命运，陈训认为晋运将尽，晋朝皇帝将死在都城之外。不久，晋怀、愍二帝皆死于平阳。而西晋亦由此灭亡。又如三国蜀人张裕精通遁甲术，曾私下对人说，庚

图 16　刘备

子年，魏将代汉；寅、卯年间，刘备将失益州，并有祸事发生。在张裕预测不久，黄初元年（公元 220 年）庚子，曹丕废汉立魏。黄初三、四年（公元 222、223 年），即壬寅、癸卯年，刘备死于白帝城，益州郡耆帅雍闿叛，益州失守。

魏晋期间，奇门遁甲成为一般术士占卜人事的预测工具。如晋汝阴人隗照，以擅长遁甲术著称。在他临终弥留之际，拿出早已写在木片上的遗书交给他的妻子说：“我死后，家境会变得愈来愈萧条，尽管如此，你也千万别卖掉自己居住的那一点点房屋和宅院。五年之后的一个春天，定有一位龚姓的王宫派来处理此地事务的使者，他曾拿过我的钱，你可凭此木片向他索还。”隗照死后，家境果然一落千丈，甚至穷得连锅也揭不开，其妻屡次企图卖掉住宅求生，但坚信丈夫临终之嘱。终于在隗照预测的那一天，果然王宫派来了一位姓龚的使者来他家亭园歇息，照妻遂将保存的木片交给了使者。使者凝视良久，问照妻，他丈夫生前从事何种职业，照妻以丈夫从事占卜作为回答。使者听后忽然醒悟，亦用遁甲术占之，笑道：“你丈夫的钱我分文未收，但他确实有许多钱，然他深知死后家中必定中落，所以藏钱以待太平。他之所以不把实情告诉你，是怕你把钱用完，不能体验贫困的艰难。他知我精通遁甲术，故写木片给我。钱盛放在青瓷中，埋在堂屋东头，离墙一丈远，距地面九尺。”照妻果然从藏处得到了隗照遗下的金钱。

从上述诸例中，我们可以看到，奇门遁甲从起初的用于军事到用于政治直至为一般术士利用预测人事，说明了奇门遁甲由官方掌握逐渐转移为世俗所接受的发展路向。而遁甲术在官方撰写的正史中的出现，并列入众多方术中的一种，其本身便表明，遁甲术在汉至魏晋已经形成独立的学说，它与阴阳五行其他支派并存，并开始走进预测一切人事的各个领域。《隋书·经籍志》著录有《遁甲囊中经》、《遁甲立成》、《遁甲行日时》、《遁甲要用》等等，这便足以证明当时遁甲术普及的程度。

不过，这时期奇门遁甲的发展较之秦汉仍有两个引人注目的特点：一是为道家所汲取。从明代刊印《正统道藏》中不难发现奇门遁甲进入道教的痕迹。在《洞神部·方法类》就列有《秘藏道玄变化六阴洞微遁甲真经》三卷、《黄庭遁甲缘身经》。《道藏》“方法类”书一般系道家设坛祭炼及身内修持的各种方法。遁甲术为道教汲取后的一个重要变化是：道教的符咒、符图、抽签等也糅合进遁甲，如遁甲术中的玉女反闭法便使用了符图、筹、咒语、竹签等工具。又如《黄庭遁甲缘身经》记载，遇恶鬼有六甲六乙符，遇火有六壬六癸符，遇水有六戊六己符，打官司有六庚六辛符，这些符或烧或服，或

图17　天师张道陵：五斗米道创始人

以灰冲水喝下，或埋于门前窗下，或揣入怀中，或贴在墙上，各有各的用途，各有各的神通，真可谓五花八门。张道陵、张衡、张鲁在汉中创建道教过程中，遁甲术在他们设立宗教团体、发展信徒也起过关键的作用。二是奇门遁甲成为科学家争先恐后研索的对象。科学家葛洪就著有《遁甲反覆图》、《遁甲要用》、《遁甲肘后立成囊中秘》、《遁甲秘要》、《遁甲要》等。天文数学家信都芳、临孝恭分别撰有《遁甲》三十三卷，《遁甲录》十卷，《阳遁甲用局法》一卷等。这也表明奇门遁甲在三国魏晋南北朝的发展之快、普及之广。

奇门遁甲在这一时期的迅速发展，是有其特定的时代背景和社会原因的。

东汉以来，社会剧烈动荡，雄据一方的豪强连年发动战争，这给习惯于安居乐业的汉民族带来生存的危机，他们在各种幻想破灭之后，希望用方术来实现他们的幻想。方术亦依赖道教的传播而生存发展。魏晋时方术与玄学结合，养生长寿避世思想也糅进了遁甲术中，上面所举的《黄庭遁甲缘身经》，就是道教教义与医学相糅合的产物。另一个方面，兴起于西汉末年的谶纬之风愈刮愈烈。靠谶纬首次登上东汉政治舞台的汉光武帝刘秀就宣布“图谶于天下”，这使那些充满诡异想象与诱人应验的方术，一跃成为官方的正统，利用其预言为自己的统治服务。陈朝的开国皇帝陈武帝本人也是精通纬候、孤虚、遁甲之术的好手。上行下效，奇门遁甲就是在这种特定的时

图 18　刘秀

图 19　陈霸先:精通纬候、孤虚、遁甲之术的陈朝开国皇帝

代背景下迅速发展起来的。

奇门遁甲作为预测人事的方术，从隋唐至宋，达到了它的鼎盛期。不过值得一提的是隋初对术数传播的严禁。隋开皇十三年（公元 593 年）早春二月，隋文帝杨坚下令“私家不得藏纬候、图谶”，并且一再申令“人间有撰集国史、臧否人物者，皆令禁绝”，方术之书一时成为宫廷秘府中的禁用藏书。然而流传于民间的这类方术奇书，一时绝难灭迹，所以到了杨坚之子杨广登上皇位后，秉承乃父之志，派遣了大批使者四出搜访，企图将谶纬、方术之书一举烧毁禁绝。到了唐代，这一举措则更以法定形式确立下来。据《唐律》记载，当时各种玄象器物、天文、图书、谶书、兵书、七曜历、太乙、雷公式等私家不得藏有，违者徒二年。不过，这种禁毁也仅仅是一种表面文章。在中国封建时代，每当政权更迭之际，封建统治者往往害怕术数的预言危及新政权的建立，害怕术数蛊惑人心，给社会再次制造混乱，因此总会颁布禁绝术数之类的一些禁令，而他们自己却对此津津乐道，笃信占卜。如隋文帝杨坚本人便时常召集当时好占玄象的庾秀才来预测“天时人事”。大定元年（公元 581 年）正月，庾秀才为杨坚预测说：“今月戊戌平旦，青气如楼阙，见国城上俄而变紫，逆风西行。今王气已见，须即应之。二月，月出卯入酉，居天之正位，谓之二八之门。日者人君之

象，人君正位，宜用二月。其十三日甲子，甲为六甲之始，子为十二辰之初，甲数九，子数又九，九为天数。其日即是惊蛰，阳气壮发之时。昔周武王以二月甲子定天下，享年八百。汉高帝以二月甲午即位，享年四百。故知甲子、甲午为得天数。今月甲子，宜应天受命。”庾秀才这番引经据典的预测，大获窥视皇位已久的杨坚的赏识。隋炀帝即位，召集天下道术人，置坊以居之，并派专人负责他们的生活起居。唐武德初年，以“尤晓杂占”而知名的道士薛颐曾秘密为李世民预测说：“德星守秦分，王当有天下，愿王自爱。”此话颇得李世民的欢心，便擢薛颐为太史丞，不久便又升迁太史令。又据《旧唐书》记载，武则天时，善图谶遁甲学的綦连耀与刘思礼等人都借此作为谋反的舆论手段。

宋代，奇门遁甲的发展达到了鼎盛时期，清代《四库全书》编撰官曾描述当时情况：“至宋而传说（奇门遁甲）者愈多。仁宗时尝命修《景祐乐髓新经》，述七宗二变，合古今之乐，参以六壬遁甲。又令司天正杨惟德撰《遁甲玉函符应经》，视为制序。故当时壬、遁之学最盛，谈数者至今多援引之。”宋朝皇帝不仅让人搜集遁甲类书重新编撰刊行，还亲自撰序作宣传：“稽夫遁甲之书出于河图。黄帝之世，命风后创名，始立阴阳二遁一千八十局，迨太公约七十二局，留侯佐改议十八局。推历授时，超神接气，布门耀德，观兵取验，以明胜负，罔不迪吉……阴阳变化，百端千绪。贤者，岂谁能知；智者，岂谁能用；用者，岂谁能尽。自非好事者，未必家有其本。以潜心力业有年矣，上之于国家，下之于庶民，一切有为，皆有宜也。”此序可以说是皇帝号召臣民习学奇门遁甲的动员令了。因此，深通遁甲术的人又往往被授以官职，委以重任。

北宋时有个名叫马韶的人，精通太乙、六壬、遁甲之术，曾预测赵匡义能当皇帝而立下汗马功劳。相传宋太祖赵匡胤的弟弟赵匡义被封为开封尹，马韶与赵匡义属吏程德玄私交甚笃。宋太祖开宝九年（公元 976 年）冬十月十九日黄昏，马韶匆匆赶至程德玄家密告说明日是晋王（赵匡义）最吉利的时辰。由于事关重大，程德玄将马韶密闭一室，防止泄漏，自已将此事急禀赵匡义。次日清晨，传出赵匡胤驾崩，有遗诏让其弟赵匡义即皇帝位。史书中虽未明确说马韶何以能预测赵匡义的吉利时辰，不过，从今天来看，很可能与发生在赵匡胤驾崩先后传说的“斧声烛影”的故事有关。据说，开宝年间，赵匡胤外出，曾遇见一位早年朋友，并请他为自已预测寿数几许。那位朋友对他说，某年的十月二十日夜里，如果天晴，那您还能稳稳地再当一纪的帝王，否则就得赶快想别的办法了。果然，到了那天晚上，天气突变，阴霾四起，骤降雪雹。于是赵匡胤急令打开端门，召开封尹赵匡义进宫。赵匡义进入哥哥赵匡胤的卧室后，屏退宦官和宫女，兄弟俩便酌酒对饮起来。遥遥望去，只见烛影之下，赵匡义几次避席，好像很谦卑的样子。待兄弟俩喝完酒，禁中已敲过三更之鼓。此时殿外的积雪也积有数寸厚了，只见赵匡胤醉醺醺地拿了把柱斧摇摇晃晃地去戳雪，嘴里不停地对赵匡义连说好好干，随后便进屋宽衣倒头呼呼大睡了。这天夜里，赵匡义就留宿在宫中。到敲五更时分，赵匡

图 20　赵匡义

胤便无声无息地驾崩了。第二天，赵匡义便依遗诏即了皇位。这个传说所讲的一切，就是后来成为宋史中一大疑案的“斧声烛影”的典故。

以这则故事，联系到程德玄幽禁马韶，赵匡义又匆匆改元的史实，可以推断当年为赵匡胤预测寿数的朋友很可能就是马韶，所以在赵匡义即位后，马韶便被迅速擢升为司天监主簿，累迁太常博士。此外如郭京、杨惟德等在宋代也因精通奇门遁甲而著称一时。同时，在宋代出版的遁甲术专著数量也是超过了前代。郑樵《通志》所收录的遁甲类书就有七十一部一百七十九卷，较《旧唐书》著录的遁甲类书八部十六卷多出十倍，又较《隋唐·经籍志》著录的遁甲类书五十四部多十七部。这些都表明，奇门遁甲在宋代达到了鼎盛期。

奇门遁甲在元明清开始失去了昔日的神秘色彩，从而进入了衰亡期。明人干脆声称“后人搀杂以道家符箓之法，益怪诞不可究语。于是六壬盛行而遁甲之学几废。”

为什么会出现这一种情况呢？原来早在宋钦宗靖康时，金兵挥师南下，宋兵屡战屡败，面对萎靡不振的士气，宋钦宗请来了名满京城精通遁甲之术的郭京，封他为成忠郎，希望他率兵抵御金兵。郭京依照遁甲法则，选年龄合六甲者（当年年龄分别为十岁、二十岁、三

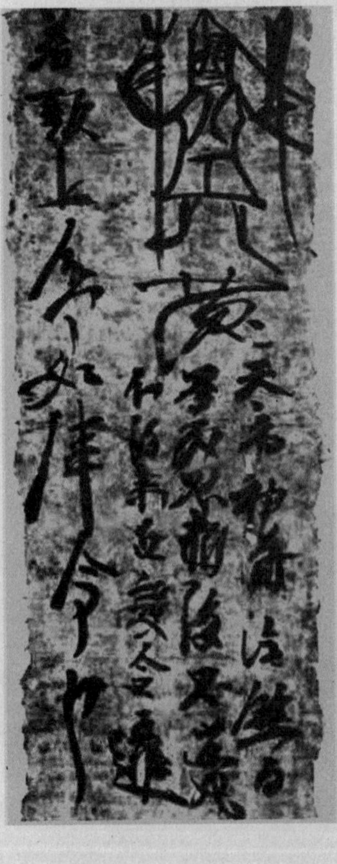

图 21 高昌时期的道教符箓（吐鲁番市阿斯塔那古墓出土）

十岁、四十岁、五十岁、六十岁的人），共选出7777人，并铸备了许多样式各异的兵器，按六甲、按不同方位布阵。又用遁甲术选定吉日良辰大开城门，列阵以待金兵。然在金兵的猛攻下，这些由无赖市井、游手好闲之徒组成的六甲军、遁甲阵，瞬间土崩瓦解。面对惨败，郭京本人也逃之夭夭。这惨痛的教训，对皇帝来说，无疑是一贴清凉剂。所以元朝对方术之士多不重用。司天事靳德曾向元世祖建议："叛始由惑于妖言，逆谋不轨，宜杜天下术士，设阴阳教官，使训学者。"元世祖采纳了靳德的将天下术士施行严格管理的意见。《元史》所载方士仅三人，它是历代官方钦定的正史中记载方士数量最少的一部史书。

图22　元世祖忽必烈

明初洪武六年（公元1373年）制定的《大明律》曾明确规定："凡私家收藏玄象器物、天文图谶应禁之书及帝王图像、金玉符玺等物者，杖一百。""凡造谶纬、妖书、妖言及传用惑众者，皆斩。"明初术士刘日新曾得到明太祖朱元璋的赏识，赐以白扇并题诗一首，可刘日新因预言蓝玉所死日期，终被处以极刑。当然，统治者本人是不受其制约的。由一个游方僧一跃而至皇帝的朱元璋就笃信方术。《明史》记载陈友谅兵围南昌三月，朱元璋点兵讨伐，召问临川方士张中，请他预测战事的前景。张中以遁甲术测出五十日当大胜，亥子之日捉获巨帅。朱元璋听了，命张中同行以予验证。当兵进入孤山时，因湖面无风，战舰只能停泊。张中又以洞玄法祭之，霎时风大作，遂达鄱阳湖。然就在朱元璋与陈友谅大战于鄱阳湖之际，消息传来，主帅常遇春孤舟深入，被陈兵团团围困，不能脱险，朱元璋等人见状无不大惊失色，唯有张中坦然自若，并说“无忧，亥时当自出”。不一会儿，果然朱军连连告捷，陈友谅因中流矢而亡，降其所属五万余人，常遇春也安然无恙。从朱元璋发兵讨伐，到陈友谅全军覆灭，前后恰恰耗时五十天，正应验了张中的预测。对此，朱元璋赞叹不已。

又如朱元璋的重要谋士刘基也精通奇门遁甲。据说，清代同治年间，漕运总督吴棠计划修治日益破败的淮安古城垣，但苦于淮安城内缺少修城必需用的条石，故吴棠的修治计划迟迟不能实施。这时吴棠的幕友献策，提议拆除素称坚固而今又长期废置不用的淮河水堤之石以资修城之砖。吴棠觉得有利，于是边动员拆堤取石，边开工兴修筑城。没几个月，城垣告竣。某天，堤中忽然出现石碑一方，上面镌刻“刘基造，吴棠拆”六字，在场人员无不为此惊讶，消息传至吴棠，吴棠也觉奇怪。原来，黄河旧道流经淮安，明代初期刘基为防黄河水患特筑了此堤。清代中期，黄河改道北流，北堤废圮。所以吴棠采纳了幕友的建议，认为河道既变换了流向，此堤长期弃置可惜，不如移筑修城，不但废物可以利用，而城垣也可得到加固。好在这时城垣已经修毕，仅用去了此堤上层堰石，而下层基石尚未动摇。有鉴于此石碑的出现，有人提醒吴棠，黄河河道说不定再次改道重过淮安城，于是吴棠恍然大悟，下令不再拆堤。从明初至清同治，时隔五百余年，而刘基所以能预测五百年后的事，也正是与他精通遁甲术有着密切的关系。

不过，明清之际奇门遁甲发展趋势远逊于宋代，《明史·艺文志》、《清史稿·艺文志》著录有关遁甲术专著仅六部三十三卷。清代中叶，乾隆时所编《四库全书》仅收录一部。这一时期主要的奇门遁甲术专著是刘基的《新锓烟波钓徒奇门定局》

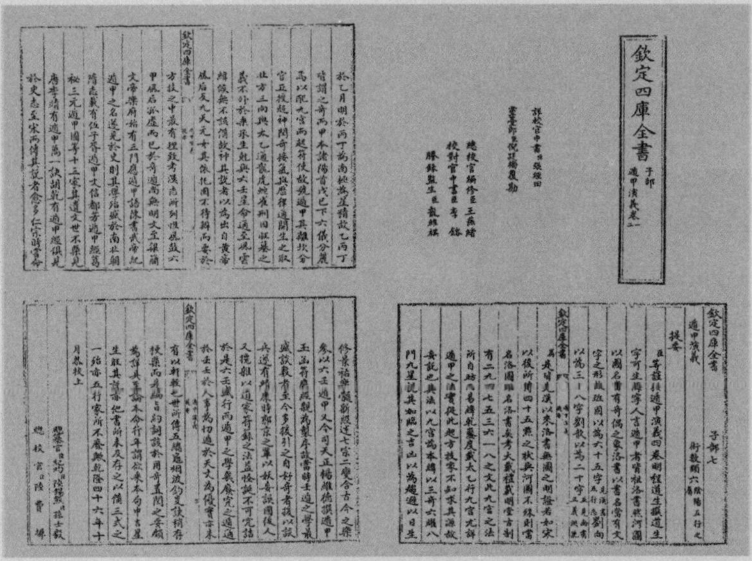

图 23 四库本《遁甲演义》书影

一卷，现收入《宝秘堂秘籍》。全书分两部分，第一部分为占经，包括天占、地占、五行占、太阳占、时辰占、五星占等有关军事方面的安营、扎寨、隐身、发兵、出击、破阵之类；第二部分是《烟波钓叟歌》，是阐明奇门遁甲的基本理论源流和演变，这也是现存较为完备的遁甲术类书。此外，明代程道明撰有《遁甲演义》四卷，卷一略述《遁甲源流》、《年家奇门》、《日家奇门》、《时家奇门》、《烟波钓叟歌》、《黄帝阴符经》、《奇门原始》、《遁甲接气置闰法》、《遁甲错误检点》等；卷二为遁甲所属吉格与凶格；卷三是有关九星、三奇、克应等奇门遁甲的基本概念；卷四录有《阴阳二遁十八局图》和《玉女反闭诀》局法、占式及咒语。此书是《四库全书》收入的唯一遁甲类专著。

清代由陈梦雷初编、蒋廷锡重编的《古今图书集成》的“艺术典”中收录奇门遁甲类书有《奇门遁甲》、《遁甲穿壬》、《景祐遁甲符应经》等，可视为清代以前有关奇门遁甲类专籍的大成了。优点是增入了后人的各种注释，便于初学；缺点是没有超出凡例、局法等奇门遁甲的旧例，而对遁甲术的传布更属寥寥。

总之，明清之际，由于官方屡行文字狱，不但限制了学术本身的发展，更限制了术数的传播。同时资本主义萌芽自明中叶以来得到了进一步的发展，西方基督教的传入，传教士引进了西方

图 24 《古今图书集成》第一册

科学技术，资产阶级思想的兴起，这使中国固有的宗教、封建文化思想受到了冲击，客观上限制了封建文化的发展。作为预测术的奇门遁甲，与西方自然科学相比，更失去了它昔日古奥神秘的色彩。它在明清之际走向衰亡，是历史的必然，是历史的发展趋势所致。

三　奇门遁甲的基本概念

奇门遁甲作为一门综合性、集大成的方术，与中国任何方术一样，有它的基本内容和基本概念；然而奇门遁甲独特的内容却由其基本概念所组成。因此，要了解它的基本内容，必须首先熟悉和掌握奇门遁甲的基本概念。

（一）阴阳五行

阴阳五行概念是中国古代人们在劳动实践中，通过观察与思考长期积累而建立的一种影响很大的哲学思想观念。它产生于先秦，到秦汉之际，发展成为中国哲学以及封建术数的基本观念，无论是哲学家、道家，还是医、卜、相等术士，都广泛谈论和应用阴阳五行观念。

其实阴阳与五行是两个概念。古人认为宇宙间万事万物都可归结为阴与阳两大类，认为一切事物的形成发展与演变，全凭阴阳两气的运动与转换。阴阳现象的出现，最早来自阳光的向背，物体向阳的一面叫阳，背阴的一面叫阴。后来这种向背关系不断引伸，便有明暗、寒热、昼夜、内外、上下、动静、黑白、快慢、强弱等解释自然界与社会的所有现象。术数家则把整个宇宙都看作是一个阴阳互补的模型，其中大小事物都呈现阴阳互补结构。万事万物离不开阴、阳之分，彼此的关系互为根本，相互制约。

五行是奇门遁甲的重要基本概念。五行即金、木、水、火、土五种物质，古人把它视为构成宇宙的五种元素。东汉学者王充认为，一个人命运的好坏，取决于他初生时所禀赋的五行。《论衡·初禀篇》中说："人性生命当富贵者，初禀自然之气，养育长大，富贵之命效矣。……命谓初禀得而生也。人生受性则受命矣，性命具禀，同时并得，非先禀性，后乃受命也。"王充认为，性和命同时得之于初生的禀赋，没有先后之分。《古人名人命鉴》说："人身由五行和合而成之原理，固无可非难也。人之所禀五行固无可见，然可征之于声，征之于气。"这样五行观念便把人生与五种元素紧密联系起来。中国古代的推命术士就是根据这五行观念，以人的出生日所对应的五行来预测命运的宜忌。如出生日属木的人，应辨别木势的盛衰。年柱、月柱和时柱若含木较重，而且水多，那么生命必然旺盛。这时，希望三柱中有金来克木，以削弱木势。若三柱中所含的金少，则希望有土来生金。这样古代术士便总结出一套五行相生相克的规律。五行的相生相克关系有：

相生：木生火，火生土，土生金，金生水，水生木。

相克：木克土，土克水，水克火，火克金，金克木。

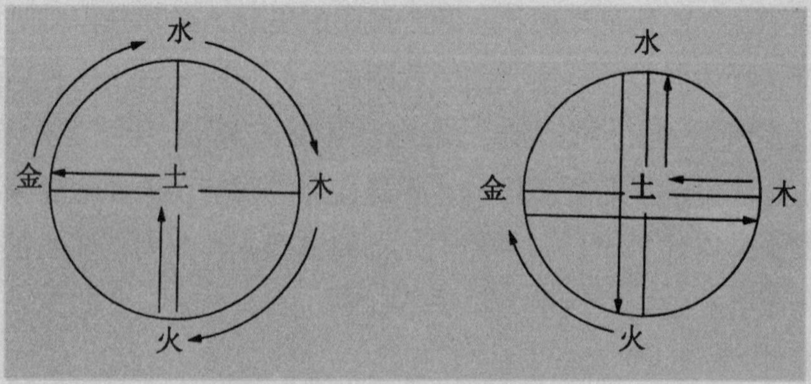

图 25　五行相生　　　　图 26　五行相克

五行的相生相克关系实际上是指自然界某种物质对另一种物质起着促进、滋生的帮助作用，或者起着制约、压抑的反作用，它与人的命运本没有必然联系。古代占卜术却利用这种观念，将人一生的变化和际遇附会于五种物质的自然属性，以物质之间的止常生长、发展、变化、消亡的规律来判断人生的规律。其出发点、思维过程和推导结论，都是不科学的。

（二）天干地支

天干、地支，简称干支，是中国古代人们用以记录年、月、日、时的专门符号，主要用于古代历法中，而奇门遁甲也以天干地支来记年月日时。

干支，又称“干枝”，古人将它比着树干与树枝的关系，干强枝弱，以干为主。天干有十位：甲、乙、丙、丁、戊、己、庚、辛、壬、癸。地支有十二位：子、丑、寅、卯、辰、巳、午、未、申、酉、戌、亥。以天干与地支的结合来纪年月日时，是中国特有的现象。由于十天干和十二地支的最小公倍值是六十，所以将它们依次从头到尾互相排列组合起来，便形成了“六十甲子”。它是用天干的首字“甲”与地支的首字“子”配合列为第一，故称六十甲子。其次是天干的第二字“乙”与地支的第二字“丑”配合得乙丑。按照这样的配合方法，第六十位恰好是天干的末字癸与地支的末字亥配合成癸亥。再往下配便又逢“甲子”了。如此循环往复，以至无穷。

六十甲子干支次序表

	一	二	三	四	五	六
一	甲子	甲戌	甲申	甲午	甲辰	甲寅
二	乙丑	乙亥	乙酉	乙未	乙巳	乙卯
三	丙寅	丙子	丙戌	丙申	丙午	丙辰
四	丁卯	丁丑	丁亥	丁酉	丁未	丁巳
五	戊辰	戊寅	戊子	戊戌	戊申	戊午
六	己巳	己卯	己丑	己亥	己酉	己未
七	庚午	庚辰	庚寅	庚子	庚戌	庚申
八	辛未	辛巳	辛卯	辛丑	辛亥	辛酉
九	壬申	壬午	壬辰	壬寅	壬子	壬戌
十	癸酉	癸未	癸巳	癸卯	癸丑	癸亥

从上表可以看到：每一种天干都有六种配合，所以有“六甲”、“六乙”、“六丙”、“六丁”等称谓。需要说明的是“六十甲子”，其中每一个单位都可以按照先后次序代表不同的年、月、日、时。从年来说，凡满六十年俗称一个“花甲”。奇门遁甲在推算年代时，主要用古代历书，首先是找出当年的干支。若正月有立春节气，立春前仍用前一年的干支；若立春在十二月，那么立春后当用下年的干支。推算月份按照一年的二十四节气：立春、惊蛰、清明、立夏、芒种、小暑、立秋、白露、寒露、立冬、大雪、小寒，以上为节；雨水、春分、谷雨、小满、夏至、大暑、处暑、秋分、霜降、小雪、冬至、大寒，以上为气。阴历每月初一若在本月节前用上月干支，若在下月节后，则用

下月干支。推日可用历书找出当日干支，也可用六十甲子表推算。已知日，再推时辰的干支，可参照以下图表。

从年干推月干支表

当年天干	甲己	乙庚	丙辛	丁壬	戊癸
正　月	丙寅	戊寅	庚寅	壬寅	甲寅
二　月	丁卯	己卯	辛卯	癸卯	乙卯
三　月	戊辰	庚辰	壬辰	甲辰	丙辰
四　月	己巳	辛巳	癸巳	乙巳	丁巳
五　月	庚午	壬午	甲午	丙午	戊午
六　月	辛未	癸未	乙未	丁未	己未
七　月	壬申	甲申	丙申	戊申	庚申
八　月	癸酉	乙酉	丁酉	己酉	辛酉
九　月	甲戌	丙戌	戊戌	庚戌	壬戌
十　月	乙亥	丁亥	己亥	辛亥	癸亥
十一月	丙子	戊子	庚子	壬子	甲子
十二月	丁丑	己丑	辛丑	癸丑	乙丑

从日干推时干支表

当日天干 / 当时干支 / 当时地支	甲己	乙庚	丙辛	丁壬	戊癸
子时（23–1）	甲子	丙子	戊子	庚子	壬子
丑时（1–3）	乙丑	丁丑	己丑	辛丑	癸丑
寅时（3–5）	丙寅	戊寅	庚寅	壬寅	甲寅
卯时（5–7）	丁卯	己卯	辛卯	癸卯	乙卯
辰时（7–9）	戊辰	庚辰	壬辰	甲辰	丙辰
巳时（9–11）	己巳	辛巳	癸巳	乙巳	丁巳
午时（11–13）	庚午	壬午	甲午	丙午	戊午
未时（13–15）	辛未	癸未	乙未	丁未	己未
申时（15–17）	壬申	甲申	丙申	戊申	庚申
酉时（17–19）	癸酉	乙酉	丁酉	己酉	辛酉
戌时（19–21）	甲戌	丙戌	戊戌	庚戌	壬戌
亥时（21–23）	乙亥	丁亥	己亥	辛亥	癸亥

干支按自身排列顺序，凡单都属阳性，逢双都属阴性。具体是：天干“甲丙戊庚壬”，地支“子寅辰午申戌”为阳性；天干“乙丁己辛癸”，地支“丑卯巳未酉亥”为阴性。它与五行相配合又产生较为复杂的变化，见下表。

干支五行属性

	天干		地支		
	阳	阴	初	盛	衰
木	甲	乙	寅	卯	辰
火	丙	丁	巳	午	未
土	戊	己	辰	戌丑	未
金	庚	辛	申	酉	戌
水	壬	癸	亥	子	丑

古人为了便于记忆，将干支与五行的关系编了一首诗：

甲木属森林大木，乙木属花草小木。

丙火属太阳大火，丁火属灯盏小火。

戊土属大地之土，己土属田园之土。

庚金属斧铁之金，辛金属珠饰之金。

壬水属大海之水，癸水属雨露之水。

这就是说，凡五行中的木与天干阳性相配必为大木，与天干阴性相配必为小木，依此类推。从地支角度来理解，五行中木与地支阳性寅相配为初兴，与阴性卯相配为极盛，与阳性辰相配为渐衰，依此类推。而辰、戌、丑、未属上，为中，也称“杂气”。地支不仅具备五行属性，而且还包含一个“本气”和若干其他气的成分。见下表。

地支所包含天干五行之气

地支	本气所含	其他 天干五行
子	癸水	
丑	癸水	辛金 己土
寅	甲木	丙火 戊土
卯	乙木	
辰	乙木	戊土 癸水
巳	庚金	丙火 戊土
午	丁火	己土
未	乙木	己土 丁火
申	庚金	壬水 戊土
酉	辛金	
戌	辛金	丁火 戊土
亥	壬水	甲木

需要说明的是：在奇门遁甲术中，天干本身还具有相互克应的关系，也就是说，每当天盘天干与地盘天干相加时，便会产生出种种不同寻常的征兆，而这种征兆也正是奇门遁甲术赖以预测的基础。现将天干相互克应而发生的种种变化简述如下：

1.乙

乙加乙：不利投靠显贵，只可安分守己，徐图发展。

乙加丙：自身有吉凶相伴，吉者为升官加薪，凶者为夫妻离异。要谨慎。

乙加丁：从事文职为宜，凡事方可有所作为。

乙加戊：家遭不测，财破人伤。

乙加己：凶多吉少。

乙加庚：夫妻各怀所私，争讼不休，田产损败。

乙加辛：专指奴仆为盗，六畜皆伤。

乙加壬：门风败坏，主卑悖乱，官讼是非。

乙加癸：遭灾殃临头，宜遁迹修道，隐匿藏形，方可消弥。

2.丙

丙加乙：以公谋私为吉。

丙加丙：文书逼迫，破耗遗失。

丙加丁：贵人依靠文书之类为吉利，常人则平静不乱。

丙加戊：谋事皆吉，希望得遂。

丙加己：运气逆转，有牢狱之灾。

丙加庚：门户衰败，为盗贼所乘。

丙加辛：心想事成，疾病痊愈。

丙加壬：不利作客，谨防口舌是非。

丙加癸：为小人所伤，灾殃降临。

3.丁

丁加乙：贵人加官进爵，常人婚姻财喜。

丁加丙：贵人越级高升，常人乐中生悲。

丁加丁：文书即至，百事遂心。

丁加戊：贵人、常人各有喜事。

丁加己：色情败露，奸私仇冤。

丁加庚：行人远道而归，安然无恙。

丁加辛：官人失宠，罪犯从轻发落。

丁加壬：讼狱之事，凭公论断。

丁加癸：文书口舌消弥，音信沉溺。

4.戊

戊加乙：凶吉参半。
戊加丙：事业有成，隐含破损之象，宜谨慎。
戊加丁：宜请贵人帮助，方能功成名就。
戊加戊：凡事闭塞阻滞，静守以待时。
戊加己：凡事艰险，不宜妄动。
戊加庚：吉事转凶，凶事更凶。
戊加辛：有灾殃，失财、足疾。得吉门，方可谋事。
戊加壬：凡事皆不吉。
戊加癸：虽能招宝进财，然门多凶乖。

5.己

己加乙：宜远离城区遁迹，否则有凶。
己加丙：男性被人陷害，女性遭致淫污。
己加丁：先有讼词，后为真相大白。
己加戊：福星高照，虽有凶神降临，终无大碍。
己加己：百事不顺，有病者必死。
己加庚：遭人谋害，先打官司者不利。
己加辛：鬼魂作祟，家中不宁。
已加壬：狡童佚女，奸情伤杀。
己加癸：有牢狱之灾，男女疾病无救。

6.庚

庚加乙：吉凶争斗，宜退避。
庚加丙：盗贼夜闯，利客不利主。
庚加丁：因私匿而起官司，为人所救。
庚加戊：凡事不可为，凶。

庚加己：加重治罪，难逃重刑。

庚加庚：官灾横祸，弟兄格斗。

庚加辛：远行迷失道路，男女阻隔一方，音信难通。

庚加壬：出行必凶，车折马死。

庚加癸：孕妇生产不利，母子俱伤。

7.辛

辛加乙：家破人亡，远行多殃，尊长不喜，车船俱伤。

辛加丙：占天为旱灾，占人则因财而起讼。

辛加丁：经商获大利，囚犯减刑，轻者必赦。

辛加戊：官司败诉，妄动必祸殃，宜安分守己。

辛加己：奴仆背主，冤屈难伸。

辛加庚：有血光之灾，逊让退避方可，强进则血溅衣衫。

辛加辛：因公肥私，讼狱自罗罪名。

辛加壬：两男争女，讼狱不息，后动者得理。

辛加癸：天牢华盖，凡事皆凶。

8.壬

壬加乙：女子多情，男人嗟欢。占孕生子，吉。

壬加丙：官刑刑禁，络绎不绝。

壬加丁：文书牵连，贵人匆匆，男吉女凶。

壬加戊：男人有发达之兆，女则喜产婴童。

壬加己：大祸临头，官司理屈，宜顺势而行。

壬加庚：刑狱公正，邪正分明。

壬加辛：虽有吉门，然不能安。心想事难成，常受人欺。

壬加壬：外人缠绕，内事索索，有福星高照之象。

壬加癸：家有丑声，虽吉也枉然。

9.癸

癸加乙：贵人禄位，常人平安，凡事顺遂。

癸加丙：贵贱逢之，上人见喜。

癸加丁：文书官司，火焚难逃。

癸加戊：财进婚姻成，得众人之助。

癸加己：男女各居一方，音信阻滞，宜躲灾避难为吉。

癸加庚：争讼格斗，以暴力平息，

癸加辛：病与讼，死罪莫逃。

癸加壬：弃旧娶新，无子无福，年华有损。

癸加癸：行人失散，病讼皆伤。

以上九个天干缺少甲，因奇门遁甲术中，“甲”即遁的意思。所以“甲”与其他九个天干不具相克应的关系。

总之，干支作为古代历法中最基本的知识，是研究中国古代文化时必须了解并熟悉的；同时，干支作为奇门遁甲预测术中的基本概念，亦是研究奇门遁甲术不可缺少的一把钥匙。

(三) 河图洛书

“河图”与“洛书”是《周易》八卦体系中重要内容和组成部分，也是奇门遁甲罗盘上的众多概念之一。

河图与洛书起源很早，相传远古的伏羲时代，有一神奇的龙马背负着一张神秘的图，出现在洛水之上，象征吉庆，人称“河图”。又相传大禹治水时，有一神龟负着另一张神秘的图浮出洛水，呈祥显瑞，人称之为“洛书”。“河图”一般被描绘成青色或用青色书写，“洛书”据传是红色的。

这个古老而又源远流长的传说是否可信，当然是有疑问的，不过在《论语》、《尚书》等儒家经典中均有明确记载，而《墨子》、《庄子》中亦纷纷征引；而且《庄子》首先将数与图联系起来，提出“洛书”的九个数字。在《史记》中，司马迁记录了一个可能与河图洛书有关的奇妙的故事。这个故事说，秦始皇的一个方士卢生，把河图——含有预言的书献给他，这就意味着河图、洛书与当时盛行的谶纬多少有些纠葛。

河图、洛书的图形实际上是一个简单的幻方和一个用从一到十的十个数字所组成的十字阵，偶（阴）数用黑点表示，奇（阳）数则用白点表示。洛书是一个简单幻方，在这个幻方中，数字按对角线、横线或竖线相加，结果都等于十五。河图则是在奇数和偶数各自相加都等于二十。而这些数的运用，现代学者都认为它与《周易·系辞传》“天一、地二、天三、地四、天五、地六、天七、地八、天九、地十”数的概念基本一致。

河图与洛书也可视为天文气象、地理方位图。有的学者认为根据古代“天圆地方”的学说，河图理应画成圆形，而洛书则是方形。河图中共有黑白点五十五个，其中白点为单数一、三、五、七、九代表阳，又代表天，称之“天数”；黑点为双数二、四、六、八、十代表阴，又代表地，称之“地数”。天数相加起来，是二十五；地数相加起来，是三十。天地之数相加共得五十五。这也是古人所谓的“凡天地之数五十有五”。洛书与河图相比，则缺少“十”这个数，它运用一至九这九个数字，同样是以白点表示单数，黑点表示双数而组成的图式。

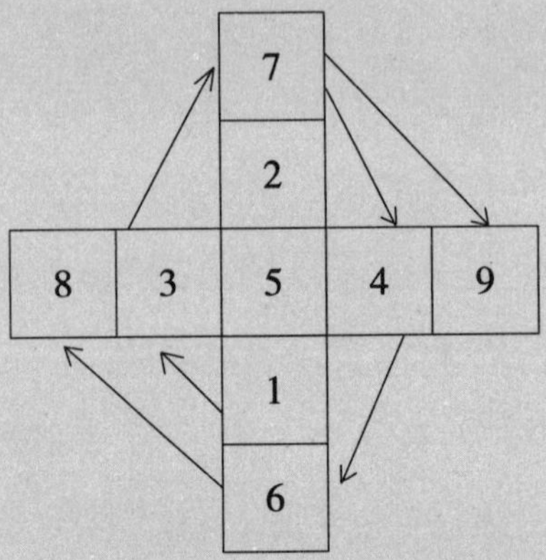

图 27　河图

4	9	2
3	5	7
8	1	6

图 28　洛书

河洛理数本用以揭示作为数与数之间的内在结构特征，体现了当时人们对数的认识及数学水平。随着时代的发展，它逐渐为方术所汲取。兴起于宋代的推命术，它不像徐子平四柱推命术那样受印度星象学影响，而是与铁板神数等术数一样，是汉代周易象数学的流变。这种推命方法是先算出人生年、月、日、时的干支；然后以纳甲法求出天干的后天八卦数、地支的五行生、成数，随后将这些天干、地支的天数相加起上卦，地数相加起下卦，最后将上下卦相合，得出人的本命卦，以断吉凶。河洛理数是其中唯一以四柱起卦，以周易占断的推命术，利用了周易象数的卜筮经验。奇门遁甲作为综合性的方术，河

图洛 书的理数也成为其中基本概念之一。

(四) 八卦与九宫

“八卦”是《周易》的八种基本符号，也可理解为八种基本图形。八卦的确切含义，唐朝学者孔颖达认为是：“卦者，挂也，是挂物象以示人，故谓卦。”意思是说八个符号所代表的是宇宙万物的错综变化，并以此来判断事物的吉凶，所以称之八卦。孔颖达的解释已被现代一般的《周易》研究者所接受。

八卦的符号及名称是：乾（☰），兑（☱），离（☲），震（☳），巽（☴），坎（☵），艮（☶），坤（☷）。八卦的产生，《周易·系辞传》说：“易有太极，是生两仪，两仪生四象，四象生八卦。”所谓太极，是指天地处于混沌、阴阳尚未分化的“元气”状态。古人认为“混沌初开，乾坤始奠。气之轻清上浮者为天，气之重浊下凝者为地”。古代传说天地未开之际，阴阳两气混杂如鸡蛋，直至盘古氏开天辟地，奠定乾坤，天在上，地在下，形成天尊地卑之势。两仪即天与地。两仪生四象：阴与阳继续演化，相交相重，产生老阳、老阴、少阳、少阴这四象，象征四时、四方等现象。四象再继续演化，阴阳相重复或相交，于是产生了八卦。八卦与五行相配合，坎卦属水，离卦属火，乾和兑卦分别属金，震和巽卦属木，坤和艮卦属土。

从古至今，流传下来的八卦图，一般认为有“伏羲八卦”图与“文王八卦”图两种。又分别称为“先天八卦”图和“后天八卦”图。相传文王八卦是由伏羲八卦演变而来，现在我们经常看到并施于应用的就是文王八卦。八卦在奇门遁甲术中占有重要的地位，它的地盘的八个方位便是以八卦命名的。

九宫本指皇帝按季节定时去祭祀的神宫。但《大戴礼记》又以九宫和明堂九殿并称。而在八卦排列组合的九宫，便是在上述洛书的基础上，按一定规律排列组合成四正宫、四维宫和中宫，见下图。

东南		南		西南
	(巽) 四	(离) 九	(坤) 二	
东	(震) 三	(中) 五	(兑) 七	西
	(艮) 八	(坎) 一	(乾) 六	
东北		北		西北

图 29　九宫图

九宫中的正四宫，指位于正东的震宫、正西的兑宫、正南的离宫和正北的坎宫。九宫中的四维宫，则指东南的巽宫、东北的艮宫、西南的坤宫、西北的乾宫。中宫，便是指是中央。九宫的特征在于，图中各宫的数字与洛书一样，无论横向、竖向、斜向，三宫相加之数也是十五，这表明九宫实是洛书的变种。海外学者李约瑟称之为“幻方的九个格子”。

㈤ 九星八门

九星和八门是奇门遁甲术中的重要基本概念，前者是奇门遁甲“天盘”的主要内容，后者则是奇门遁甲“人盘”的主要内容，二者直接预测人事的吉凶。

九星，是古代天文学中的九个星宿，其名称和在奇门遁甲中的作用，现分述如下：

天辅星：全称大益枢京天辅武曲纪星，简称武曲星。它意味着远行、营造、移徙、婚娶、埋葬、请客设宴均吉利。

天禽星：全称执庆刚昱天禽廉贞纲星，简称廉贞纲星。它意味利于远行从商，并能得贵人之助。

天心星：全称总承符允天心文曲纽星，简称文曲星。它意味着天心为高道、为名医，宜治病服药。有所谓的“天心求仙合药当，商途客旅财禄昌”之说。

天冲星：全称凝华好化冲破军关星，简称破军星。它意味着利于出兵征伐，但不利嫁娶、修造、经商等。

天任星：全称英明集华天任星，简称英明星。它意味着求官、迁徙、经商诸事均吉。

天蓬星：全称阴袭大衍天蓬隐光右弼星，简称右弼星。春夏遇此星皆为吉兆，秋冬遇之半凶。

天芮星：全称阳琮孚庆天芮洞明左辅星，简称左辅星。天芮为教师、朋友，故宜受道结交，不宜嫁娶、迁徙、诉讼、营造等。

天英星：全称照冲勋令天英贪狼太星，简称贪狼星。贪狼星意味着百事不宜，民间亦有“天英之星嫁娶凶，远行移徙不宜逢，上官商贾凶贼死，造作求财一场空”之说。

天柱星：全称通玄须变天柱禄存贞星，简称禄存星。天柱为隐士，宜隐迹固守，不宜出行谋事，一切所为皆不吉。

上述九星吉凶判断，在古代预测类书中也颇不一致，甚至仍有相反之说。

与九星相对应的是八门。八门简单地说是指八个方位。古人认为，人世间万事万物的运动与发展变化，无不受其空间方位的制约，而术数家则利用其各种方位与事物之间的种种联系和不同特征，将此八个方向称为“八门”，借此来预测人世间的吉凶的八个行动方向。

八门与九星一样，也夹杂着许多牵强附会之说，但作为奇门遁甲的基本概念，仍有简述一番的必要。

开门：是吉门。四通八达，宜远行、见贵、求财等，百事吉利亨通，开门亦为金神。

休门：是吉门。宜休息聚会、经商、嫁娶、参谒贵人。不可扬兵。休门亦为水神。

伤门：是凶门。出入容易得病遇灾受伤、招惹是非。但收款索债效果很好；又宜于打猎和捕捉盗贼。伤门为木神。

生门：也是吉门。宜营造、嫁娶、谋事、见贵等。生门为土神。

杜门：虽是凶门，但偏于平，也可以出行、谒贵，宜于躲避藏身。杜门之“杜”，即含有闭塞阻滞之义。杜门亦为木神。

景门：一般也属平门。景门虽然包含着发扬振作，但不持久。有利于游戏比赛等。至于渔猎均无收获。

死门：是属于凶门，凡出入此门，百事为凶，最忌远行、修造、谋事，否则伤人损财。有利于捕鱼、打猎、行刑及吊丧。死门为土神。

惊门：也是属于凶门，不利于出行谋事，否则必遇惊吓；但能寻得走失，追捕逃亡。惊门为土神。

上述八门还与八卦相配，基本排列组合是：休门在坎宫，生门在艮宫，伤门在震宫，杜门在巽宫，景门在离宫，死门在坤宫，惊门在兑宫，开门在乾宫。

八门除了上述特征以外，门与门之间还有相克关系：

开门：

开门欲得照临来，奴婢牛羊百日回。

财宝进时地户入，兴隆宅舍有资财。

田园招得商音送，巳酉丑年绝户来。

印信子孙多拜受，紫衣金带拜荣回。

开加开：利见贵人，一生顺利。

开加休：利见贵人，财喜两旺，开张铺店贸易大吉。

开加生：利见贵人，有求必应。

开加伤：事有不测，如有变动，迁徙均不利。

开加杜：有失物，尤不利图书出版工作。

开加景：利见贵人，唯文书一类不顺利。

开加死：为官司缠身，先忧后喜。

开加惊：百事不利。

休门：

休门最好聚资财，牛马猪羊自送来。

外口婚姻南方应，迁官进职坐京台。

定进羽音入产业，居家安庆永无灾。

休加休：进财，人丁兴旺，朝见、上官、营造诸事大利。

休加生：得阴人财物，希望迟成。

休加伤：上官、喜庆、求财不得。亲族分田产。

休加杜：破财、失物、被盗。

休加景：遭人诽谤，文书印信之事不利。

休加死：远行、讼词，不吉，病凶。

休加惊：主损财、疾病、惊恐等事。

休加开：经商、贸易、求人，大吉。

生门：

生门临着土星辰，人旺畜孳每称情。

子丑年中三七月，黄衣捧笏到门庭。

蚕丝后帛皆丰足，朱紫儿孙守帝廷。

南方商音田土进，子孙禄位到公卿。

生加生：远行、谋财吉。

生加伤：移徙、远行不吉。

生加杜：主阴人损物破财。

生加景：主阴人、小口不宁及文书事后吉。

生加死：有田宅官司，疾病难治。

生加惊：有词讼、疾病迟愈而后吉。

生加开：利见贵人，求财大发。

生加休：主阴人处求望财利吉。

伤门：

伤门不可说，夫妇又遭迍。

疮疼行不得，折损血财身。

天灾人枉死，经年有病人。

商音难得好，余事不堪闻。

伤加伤：不利远行，情况多变，凶。

伤加杜：有牢狱之灾，事多变动，凶。

伤加景：口舌是非，文书印信不顺利。

伤加死：不利出行，疾病难治。

伤加惊：亲人疾病加剧，出师不利，凶。

伤加开：虽利开张，但有莫测之事发生，不利。

伤加休：不利谋干财名。

伤加生：商贾、修造不利。

杜门：

杜门原是木，犯者灾祸频。

亥卯未年月，遭官入狱迍。

生离并死别，六畜逐时瘟。

落树生脓血，祸害及子孙。

杜加杜：父母均有疾病在身，田宅出脱，事凶。

杜加景：文书印信阻隔，阳人小口有疾病。

杜加死：田宅文书失落，为兴讼而破财，凡事小凶。
杜加惊：家中多生忧疑惊恐，将有词讼之事发生。
杜加开：有贵人相助，谋事须破财后成，吉。
杜加休：求财必得。
杜加生：亲族弟兄间为田产纠纷并起，有破财之兆。
杜加伤：求财不成，反为田宅破财。

景门：

景门主血光，官符卖田庄。
祸灾应多有，子孙受苦殃。
外亡并恶死，六畜也见伤。
生离与死别，用者须提防。

景加景：文状未动有预见之事，家有小口忧患。
景加死：因家族中为田宅而生是非，有官讼事。
景加惊：家中有疾病等事，凶。
景加开：现任官职有升迁之兆，若能求文印更吉。
景加休：文书之类多有遗失，争讼之事不断。
景加生：求财旺利，生产大喜，行人皆吉。
景加伤：姻亲有口舌、是非之争。
景加杜：文书之类多散失，须破财后平息。

死门：

死门之方最为凶，修造逢之祸必侵。
犯者年年财产退，更防孝服死人丁。

死加死：主官有留，印信无气，凶。
死加惊：官司不利，忧疑患病，凶。
死加开：有贵人鼎助，凡求印信文书之事大利。
死加休：求财物之事不利，若问生道求方吉。
死加生：主办丧事，求财得，病危能救。

死加伤：主有牢狱之灾而被动刑，凶。

死加景：因文契印信财产事见官，先怒后喜，有益。

死加杜：诸事不顺利，凶。

惊门：

惊门不可论，瘟疫死人丁。

辰年并酉月，非祸入门庭。

惊加惊：主惊吓，疾病、忧虑、诸事不顺利。

惊加开：有讼词，但能得贵人相助，则不凶。

惊加休：因有口舌，求财迟成。

惊加生：妇人有惊吓，求财有成，吉。

惊加伤：因商议谋害他人，事泄被告发，凶。

惊加杜：破财受惊，不凶。

惊加景：讼词不断，小口疾病，凶。

惊加死：田宅中出现怪异而生是非，凶。

此外，八门还与十干相克、九星相克等。

九星八门看似十分荒诞，但古代术士却从中也体察到：作为宇宙的一个大系统与各个子系统之间，不同层次的主体客体结构之间，都存有一一对应的因素，也正是由这种对应关系，才组合成主客间对应不乱的关系网，并都按照金、木、水、火、土的五行分类。在这些不同的系统、不同层次的五行网络中，充分体现了八门九星的时间与空间这两个基本因素的相互联系、互相影响。当然，生活在中国封建社会的任何一位方术研究者或从事于术数传布的术士，都不可能认识到这一点，也不可能到达有如此深刻的认识，他们更多的是塞进迷信东西，并努力使之神秘化。

（六）八门九星符

八门九星除了作为奇门遁甲的“人盘”与“天盘”用于预

测之外，还有一种重要特征，便是配有符箓，如八门九星符、六丁六甲神符等，这使奇门遁甲的天盘人盘更具神秘色彩。

所谓符箓，本是古代帝王用来传达命令、调兵遣将的凭证，用竹木或金石制成，上书文字，剖而为二，天子与诸侯各执其一，施用时合并还原状作为凭证。《孙子·九地》就有："夷关折符，无通其使。"《史记·孝文本纪》载有："初与郡国守相为铜虎符。"古代巫师便借用这一名称，假托将神力以符号的形式附着在规定的"文字"或"图形"上。并将其书写在规定的纸、绢、木或石上，作为传达神命的凭据。如"河图八海三河要诀保命录"，就是先标明所请神祇的职名、隶属、执掌，然后向神陈述个人的请求，最后开列所请诸神的名单：玄老玄留大将军、太上胄盖大将军等，这张符箓就具备了以上神灵的法力，可以用之调遣神兵天将，或命令邪恶鬼俯首听命。也正因此，古代对佩符也有严格规定，如国君、王者、诸侯、百姓便各有不同，在佩带或请符时，也有相应的复杂的仪式。如晚唐五代道士杜光庭《太上黄篆斋仪》所记黄箓斋三日仪为：

第一天清晨的"清旦行道仪"，主要程式是列队执杖、唱诵思神、颂《华夏赞》、念启堂颂、入户咒、上香、鸣法鼓二十四通、发炉、长跪、再鸣法鼓、上启、各称法位、礼方、步虚缭绕、三启三礼、念出户咒。

第一天中午的"中分行道仪"，主要程式是入户、存念、鸣法鼓、各称法位、读颂、礼方、忏悔、步虚、三启三礼、发愿。

第一天黄昏的"落景行道仪"，主要程式是入户、存念思神、鸣法鼓、各称法位、读颂词、礼方、忏悔、步虚、三启三礼、发愿、覆炉。

如此早、中、晚三道仪式共进行三天，其程式十分繁复。不过，类似的程式还有更加烦琐的，如五天仪、七天仪，甚至在进行这种仪式之前的一百天前就要斋戒，前七天里就要求“立真师幕……次立将吏幕……拜破酆都开业道朱章”，“进拜素车白马朱章”，“进拜开通道路朱章”，“进拜摄召亡魂朱章”，“进拜沐浴全形朱章”，“进拜普度幽魂朱章”，“进拜九炼生仙升度亡魂朱章”等等。同时在进行上述程式的建坛设斋的五天中，还要分别完成立幕、启奏、发符、招魂、设三官醮、北阴醮、分灯、行卷帘仪、上言功表、辞神、设谢恩醮、交贺成功；而斋仪之后，各法师及弟子均到“各名山洞天福地投简”，以告诸神。可谓烦琐至极了。

由此可见，符箓在上述仪式中起着十分重要的作用。现在一般都认为符箓在东晋之后，即道教成熟以后，愈变愈复杂，内容愈来愈烦琐，字体愈来愈难辨，形式也愈来愈神秘莫测，材料也愈来愈广泛，从石木到绢纸都有，而且符与箓也分成独立的两类。箓是写有所请神祇“天曹官属佐吏”之名及祈请之词的单子，上面写有“某法箓弟子（某乙）命属北斗某星君……谨赍香信诣（某）法师门下求受太上正一上仙百鬼召箓。受佩之后，应有召问立至，不得妄有干犯，急急如律令。”下面以秩序标上种种神将、使者、功曹的名号，有了它，就好比所请神祇就会在冥冥中对箓的持有者多加关照和保护。与箓相配合的便是符，符在古代一般是秘不肯示的，也不是任何一个人都能随意画出的。俗语说：“画符不知窍，反惹神鬼笑。画符若知窍，惊得鬼神叫。”正是说的这个意思。符和箓一样，也是冥冥天际众神与人沟通的秘宝。所谓“符者，合也，信也，以我之神，合彼之神”，也正因此，古代道士每每将此作为行骗谋生的手段。

最初的符一般都由复文组成，款式简陋粗糙。如《太平经》中，则首次记载了三四百个符，分成“兴上除害”、“令尊者无忧”、“德行吉昌”、“神祐”四类，基本是由隶字的合体组成，象征意义也简洁明了，如“分职”和“于事先”符，就是由“分职”二字与“于事先”三字的复文组成，其含义为，请诸神为尊者分职，使尊者能够料事于未发之前，当然就可以高枕无忧了。但愈往后符箓会变得烦琐细碎，图形诡秘莫测，文字益趋难涩，象征意义也五花八门，使人眼花缭乱，应接不暇。现将奇门遁甲术中的八门九星符、六丁六甲符介绍如下。

奇门遁甲的六丁六甲神符，相传由九天玄女传授于黄帝。其中包括甲子符、甲戌符、甲申符、甲午符、甲辰符、甲寅符及丁卯符、丁丑符、丁亥符、丁酉符、丁未符、丁已符两大类。现将每一种符略述如下：

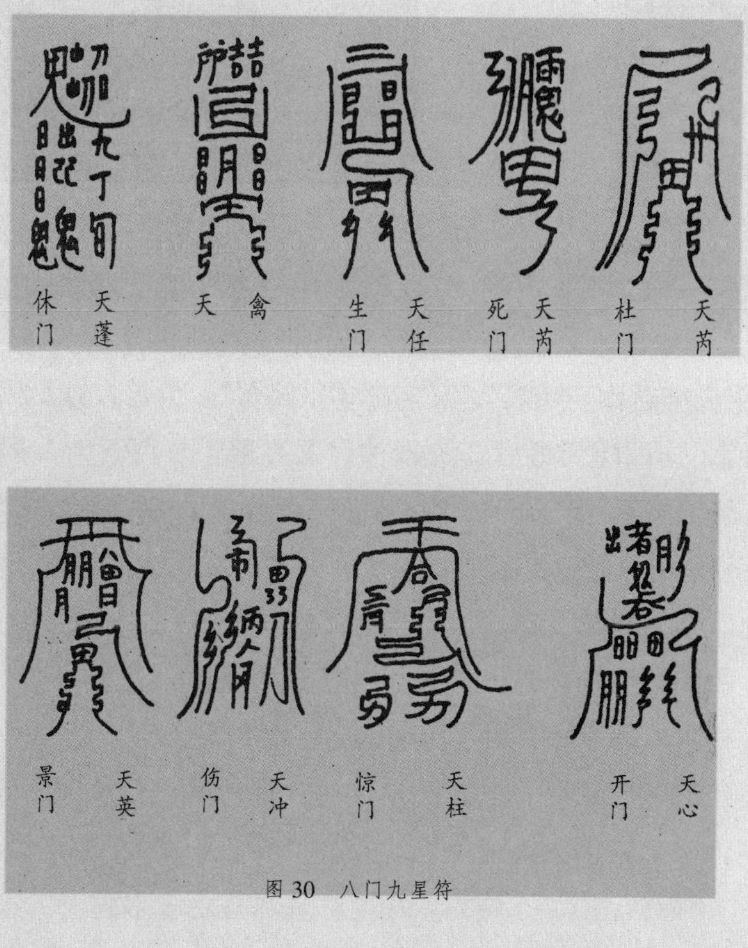

图 30　八门九星符

甲子神君称“飞天大帝”，一名“畚䨺将军”。鼠首人身，高一丈九尺，居阳光天垒之宫。统领神将九万九千九百。专门帮助忠孝之人惩罚不仁不义之人。符式长一尺九寸，宽三寸一分，用青黑纸圬研砂为上吉。

图 31　甲子符

甲戌神君称“掩郎”，又名“司狱将军”。犬首人身女相，性格喜酒，居西隍天厩宫。统领神兵五万五千五百五十，担任诛斩贼兵的角色，身长一丈六尺。符式长一尺六寸，宽二寸九分，用大黄纸圬研砂红为上吉。

图 32　甲戌符

甲申神君称“六府神”，又名“捷极将军”。猴首人身，长二尺五寸，喜食甜，好淫，居天钺之宫。统领神兵七万七千七百七十数，专门帮助征伐谋反。符式长一尺五寸，宽二寸七分，用白纸坊红研砂为上吉。

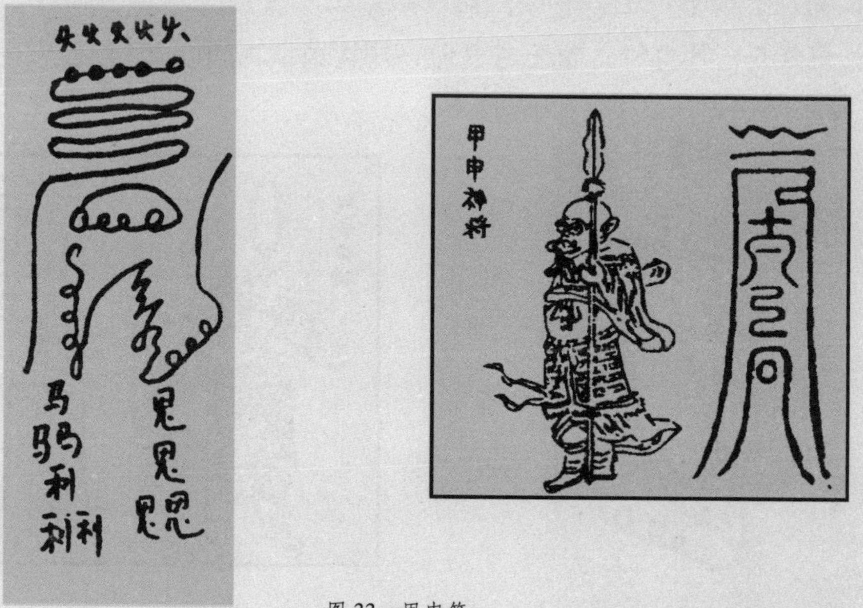

图 33　甲申符

甲午符君称“平水将军”。马首人身，高一丈九尺，性刚烈，欢喜肥猪等物，不宜用马肉供养。统领神兵九万九千九百九十。帮助雪耻复仇。符式长一尺九寸，宽三寸二分，用青红纸圬研黑丹砂为上吉。

图 34 甲午符

甲辰符君称“平蛮将军”。龙首人身，高一丈九尺。性格清高，宁顺不可逆，专助扫荡妖氛。统领神兵五万五千五百五十。符式长一尺九寸，宽三寸九分，用青黄纸圬研红硃为上吉。

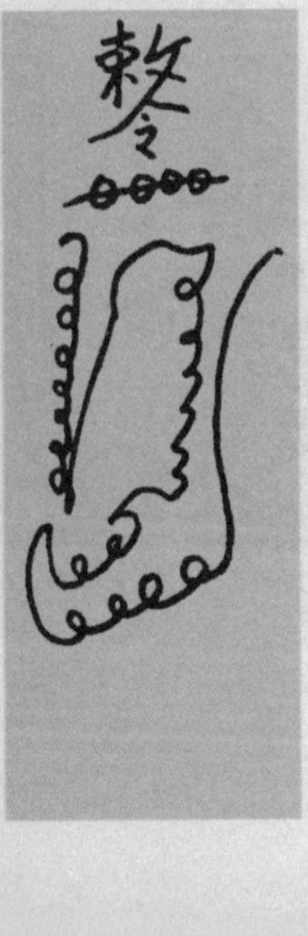

图 35 甲辰符

甲寅符君称“六孳将军”，又名“灌佳郎”。虎首人身，一丈有奇。性格暴躁，专扶强抑弱。居天苑之位，常六吉之宫。统领神将七万七千七百七十。符式长一尺八寸，宽二寸七分，用青纸圬研红硃为上吉。

图 36　甲寅符

丁卯神君称“六将军”。兔首人身，和蔼柔和，高一丈六尺，司九大雷火之权。统领神兵六万六千六百六十。驱邪斩鬼，辅佐真人。符式长一尺六寸，宽三寸二分，用红青纸圬红硃为上吉。

图 37　丁卯符

丁丑神君称“奕将军”。牛首人身，性好香物，高一丈八尺。居天汉之宫。司水利之权，好水战，统领神兵八万八千八百八十，斩诛贼兵。符式长一尺八寸，宽五寸三分，用黄纸坊研硃为上吉。

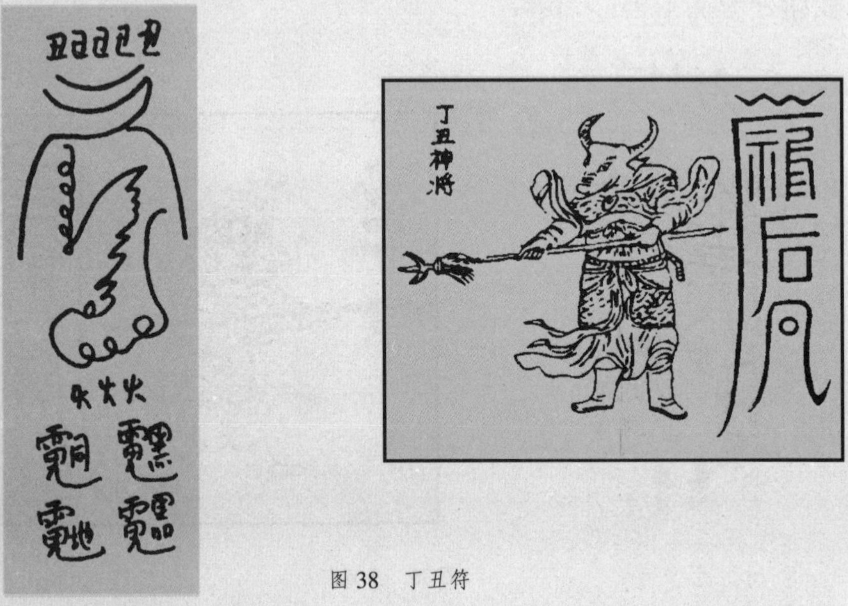

图 38　丁丑符

丁亥神君称“涂将军”。猪首人身，性好米食、饮酒，宜宽请，不可急召。身高一丈四尺，镇天皇之宫，喜辅顺诛逆。统领神兵四万四千四百四十。符式长一尺四寸，宽二寸九分，用红黑纸坊研红硃为上吉。

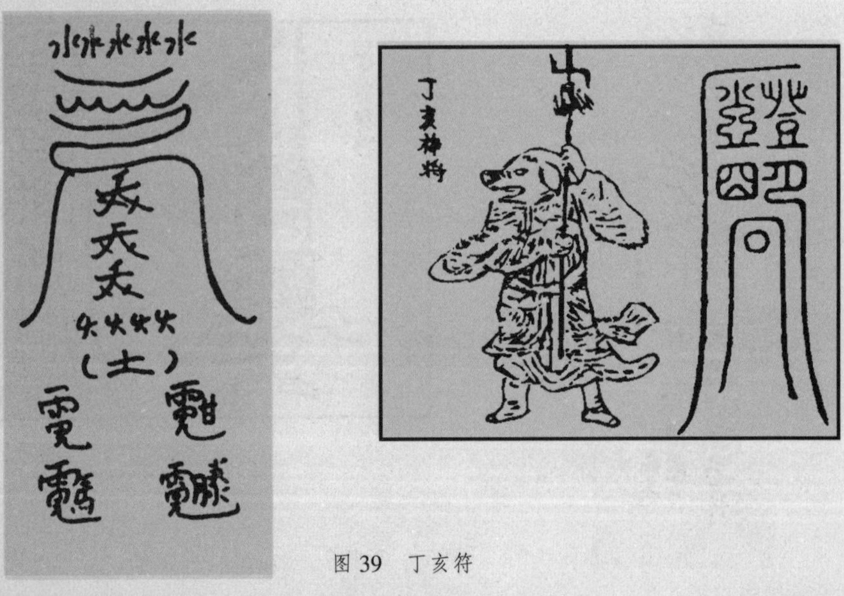

图 39　丁亥符

丁酉神君称“飞将军”。鸡首人身，性格凶恶，不可侵犯。喜食酒肉，好陆战，忌水战。身高一丈六尺，居少微之宫。统领神兵六万六千六百六十。劫寨破垒，斩将搴旗，追奔逐北。符式长一尺六寸，宽三寸一分，用赤纸圬研硃为上吉。

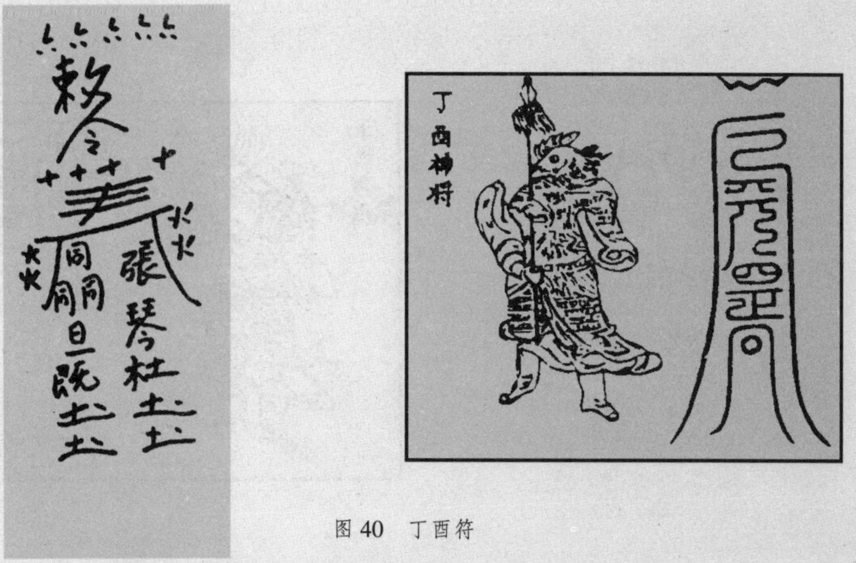

图40　丁酉符

丁未神君称“将军”。羊首人身，喜食果品、蔬菜之物，好烈日，忌阴雨。身高一丈八尺，居镇南极之宫。统领神兵八万八千八百八十。冲虏破阵，敌不能御。符式长一尺八寸，宽三寸一分，用赤黄纸圬研硃为上吉。

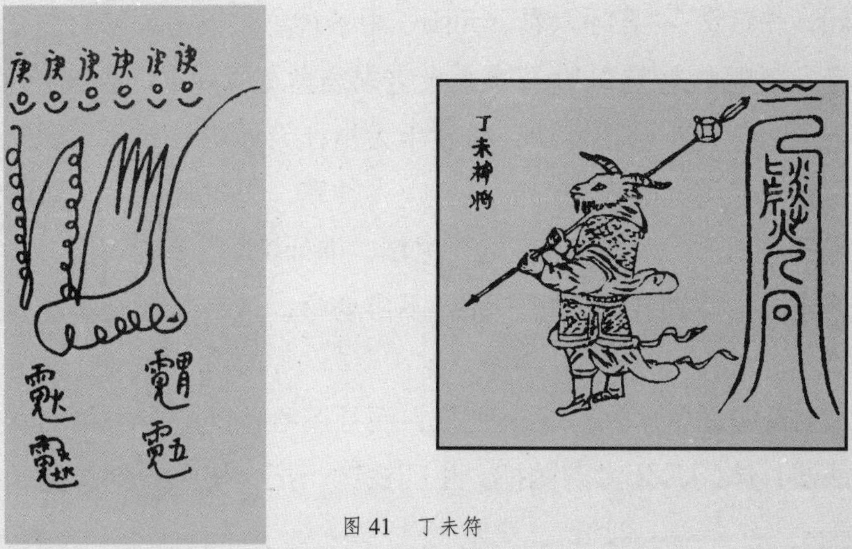

图41　丁未符

丁巳神君称“陈将军”。蛇首人身，性格险毒，不可轻用，喜食六畜之物，不忌水陆，高一丈四尺九寸，镇守天屏之宫。统领神兵四万四千四百四十，覆城陷阵，变化无穷。符式长一尺四寸九分，宽二寸九分，用红纸垮研黑丹为上吉。

图42 丁巳符

上述是奇门遁甲术中的六甲六丁符的符式及功用。符在奇门遁甲术中主要用于作法。例如，六甲符用剑诀，以左手大指杜天罡，捧剑趺坐，默念六甲神咒七遍，吸东方一口气，吹入神笔，一气呵成。用天池水一瓶，将符焚入瓶中，压在不利之门，并口念：“五呼六君、元阳、甲子神急来速去，愿君之正吾身，魁魖𩲡魀魅䰼𩴾召奉太上老君急急如律令。”便能化凶为吉。六丁神符则用斗诀，以左手大指杜天地步斗而坐，默念六丁神咒七遍，吸南方一口气，吹入神笔，一气呵成。坐法如六甲符。咒曰：六丁神兵，八卦之精，推列神将，安在吾身，闻咒速至，百事通灵，无事不极，不得动令，吾奉九天玄女急急如律令。

奇门遁甲术作法不仅用符，而且还给八门配有各种不同的法器：休门月牙大刀两把，生门铁钩一把，伤门短剑一把，杜门长矛一杆，景门双月牙斧一把，死门双绳镖一条，惊门匕首一把，开门三股叉两把，其各种款式见下图。

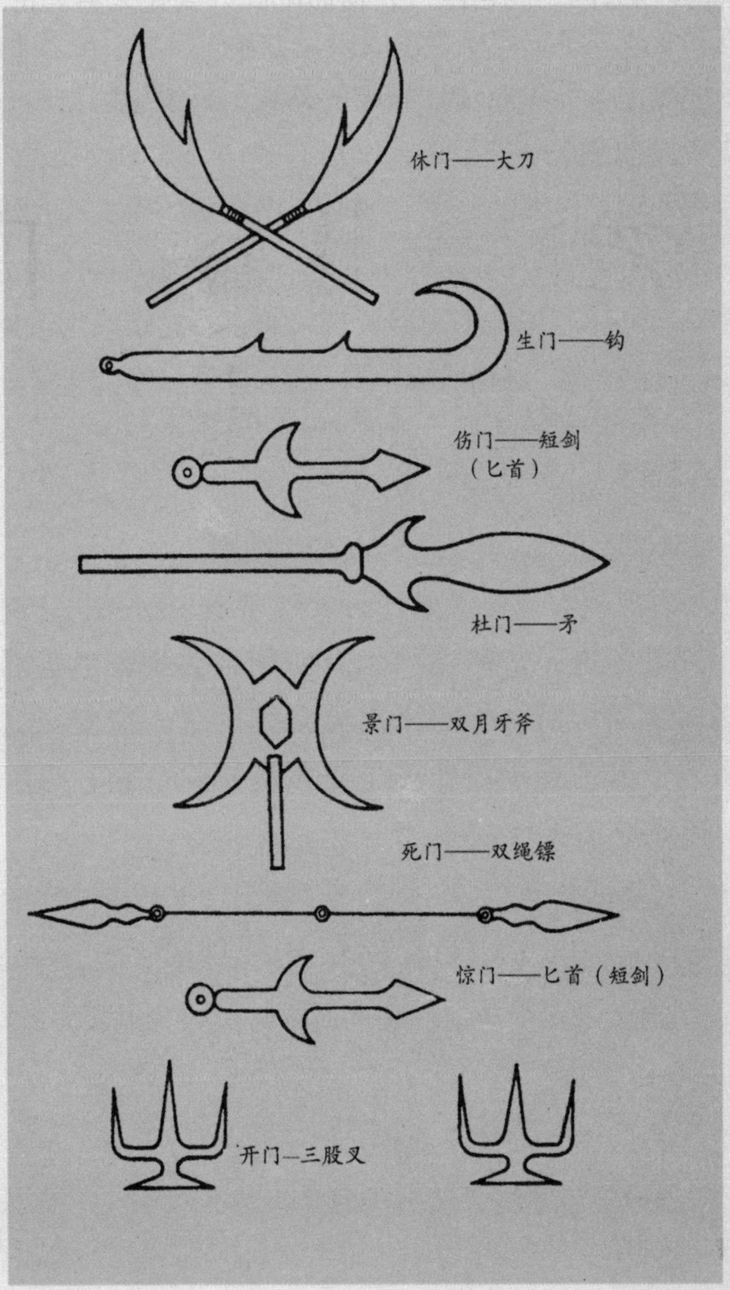

图 43　八门武器

上述八件法器中，短剑是奇门遁甲术作法中最受重视的。剑具有神旨和威力的双重象征。据说汉代开国皇帝刘邦就是手提宝剑斩蛇起兵而得天下的，这宝剑乃是天意所在。西晋惠帝时，这把剑却变成飞龙，穿屋腾空而去，不知所终。于是天下大乱，失去了控制力。而这时悄然崛起的刘曜，传说他隐居时，曾有一个童子向他赠送一把宝剑，剑后有“神剑服御除众毒”的铭文。后来刘曜果然真的当上了皇帝。由宝剑的得失而推导天下的得失，这不仅由宝剑的杀伐功能引伸出制鬼辖神的威力，而且在这威力上面还加上了一层天意，所以，它可以用于驱鬼辟邪是很自然的。在《封神榜》中，就常见周朝军师姜子牙披发闭目，手持松纹古剑趺坐在遁甲盘上，口中念咒七遍，突然将松纹古剑向天一指，大喝一声“疾”，便见天空乌云蔽日，狂风大作，暴雨倾盆，飞沙走石，敌兵望风披靡。

总之，符箓本属巫术的一种，随着道教的兴起，在魏晋时期，符箓走进了奇门遁甲术，使用诅咒来驱鬼驱邪，祓除不祥，使用祈请的祝辞来实现具体的个人愿望。这不仅给奇门遁甲的预测手段增加了更为神秘的色彩，也使古奥的占卜形式更加复杂。

（七）六神七曜

六神七曜也是奇门遁甲的基本概念。六神，又称六兽，即青龙、白虎、朱雀、玄武、勾陈、螣蛇的合称。六神分别代表天上的六个星座。

古代天文学家为了便于观测天象及日、月、五星在天空中的运行，在黄道带与赤道带的两侧绕天一周，选取了二十八个星宫作为观察时的标志，统称“二十八宿”。再以这二十八宿分成四组，每组七宿，分别以东、西、南、北四个方向与青龙、白虎、朱雀、玄武四种动物形象加以搭配，称为“四象”。四象与三垣结合，便成为古代划分天区的标准。其分配形式是：

东方苍龙七宿：角、亢、氐、房、心、尾、箕。

北方玄武七宿：斗、牛、女、虚、危、室、壁。

西方白虎七宿：奎、娄、胃、昴、毕、觜、参。

南方朱雀七宿：井、鬼、柳、星、张、翼、轸。

图 44　东方苍龙七宿：角宿蛟、亢宿龙、氐宿貉、房宿兔、心宿狐、尾宿虎、箕宿豹

图 45　北方玄武七宿:虚宿鼠、斗宿豸、危宿燕、牛宿牛、室宿猪、女宿蝠、壁宿貐

图 46　西方白虎七宿:胃宿雉、觜宿猴、参宿猿、娄宿狗、奎宿狼、毕宿乌、昴宿鸡

图 47　南方朱雀七宿:星宿马、井宿犴、张宿鹿、鬼宿羊、翼宿蛇、柳宿獐、轸宿蚓

六神又与五行相配：青龙为木，朱雀为火，白虎为金。玄武为水，勾陈与螣蛇星座均为土。古人又将青龙、白虎、朱雀、玄武称之为四方四神。青龙为贵神，象征欢悦、吉庆之事。白虎多象征凶险，突变和灾祸。朱雀一般表示口舌是非、诉讼等事。玄武表示匪盗、奸细、阴谋等。

上述六神的各种象征，也为历代方术传播者所遵循。利用六神预测吉凶，实是渊源于《周易》占筮。如《周易》占筮认为甲乙之日上爻玄武、五爻白虎、四爻螣蛇、三爻勾陈、二爻朱雀、初爻青龙；又如丙丁之日上爻青龙、五爻玄武、四爻白虎、三爻螣蛇、二爻勾陈、初爻朱雀。六神与六爻、天干的配合如下：

爻 日	上爻	五爻	四爻	三爻	二爻	初爻
甲 乙	玄武	白虎	螣蛇	勾陈	朱雀	青龙
丙 丁	青龙	玄武	白虎	螣蛇	勾陈	朱雀
戊	朱雀	青龙	玄武	白虎	螣蛇	勾陈
己	勾陈	朱雀	青龙	玄武	白虎	螣蛇
庚 辛	螣蛇	勾陈	朱雀	青龙	玄武	白虎
壬 癸	白虎	螣蛇	勾陈	朱雀	青龙	玄武

七曜，又称七政。古人以日月五星为七政。也就是太阳、月亮加上金星、木星、水星、火星、土星这五星。七曜和六神都是奇门遁甲术进行预测时的重要依据。

图 48　“七曜同宫”纪念银币：澳大利亚为纪念 2000 年 5 月 5 日出现的世界天文奇观“七曜同宫”所铸的纪念银币

四 奇门遁甲的基本内容与理论方法

研究奇门遁甲，除了熟悉它的基本概念外，还必须了解它的基本内容与理论方法。而奇门遁甲的基本内容和理论方法，都集中体现在被视为遁甲经典的《烟波钓叟歌》中。

《烟波钓叟歌》全文以诗歌的形式展开，由224句的七言韵文组成，共1568字。这篇具有神秘色彩的论文的作者，相传出自明初的刘基，原因是刘基曾对此作过诠释。然而从“烟波钓叟”的命名来看，似乎又与传说垂钓于烟波的姜子牙的故事有关。不过根据诗歌中的解释语言来考察，有部分乃转抄袭宋代理学家周敦颐的《太极图说》：“太极动而生阳，动极而静，静而生阴，静极复动。一动一静，互为其根。分阴分阳，两仪主焉。阳变阴合，而生水火木金土，五气顺布，四时行焉。五行一阴阳也，阴阳太极也，太极本无极也，五行之生也，各一其性。”而其中有一部分则与元初理学家吴临川论述一致，如“一元凡十二万九千六百年，分为十二会，一会计一万八百岁。天地之运，到成会之中，为闲物，两间人物俱无矣。如是又五千四百年，而成会终……”吴临川的议论显然与北宋理学家邵雍的思想一脉相承。因此《烟波钓叟歌》的解释部分写作时间决不可能早于吴临川。宋末元初，道学盛行，而一些著名理学家也十分精通占卜之术，《烟波钓叟歌》的解释有可能出自这些理学家之手，更非刘基所作。

奇门遁甲的基本内容都体现在《烟波钓叟歌》中，为了便于了解，现将原文抄录如下：

烟波钓叟歌

阴阳逆顺妙难穷，二至还乡一九宫。
若能了达阴阳理，天地都来一掌中。
轩辕黄帝战蚩尤，逐鹿经年苦未休。
偶梦天神授符诀，登坛致祭谨虔修。
神龙负图出洛水，采凤衔书碧云里。
一千八十当时制，太公删成七十二。
逮于汉代张子房，一十八局为精艺。
先须掌上排九宫，纵横十五在其中。
次将八卦论八节，一气统三为正宗。
阴阳二遁分顺逆，一气三元人莫测。
五日都来换一元，接气超神为准的。
认取九宫为九星，八门又逐九宫行。
九宫逢甲为直符，八门直使自分明。
符上之门为直使，十时一位堪凭据。
直符常遣加时干，直使逆顺遁宫去。
六甲元号六仪名，三奇即是乙丙丁。
阳随顺仪奇逆布，阴遁逆仪奇顺行。
吉门偶尔合三奇，值此须云百事宜。
更合从旁加检点，余宫不可有微疵。
三奇得使诚堪使，六甲遇之非小补。
乙逢犬马丙鼠猴，六丁玉女骑龙虎。
又有三奇游六仪，号为玉女守门扉。
若遇阴私和合事，诸君但向此中推。
天三门合地四户，问君此法如何处。
太冲小吉与从魁，此是天门私出路。
地户除危定与开，举事皆从此中去。

六合太阴太常君。三辰元是地私门。
更得奇门相照耀，出门百事总欣欣。
太冲天马最为贵，卒然有难宜逃避。
但当乘取天马行，剑戟如山不足畏。
三为生气五为时，造化真机须记取。
就中伏吟最为凶，天蓬加着地天蓬。
天蓬若到天英上，须知即是反吟宫。
八门反覆皆如此，生在生兮死在死。
假令吉宿得奇门，万事皆凶不堪使。
六仪击刑何太凶，甲子直符愁向东。
戌刑在未申刑虎，寅巳辰辰午刑午。
三奇入墓好思维，甲日那堪见未宫。
丙奇属火火墓戌，此时诸事不须为。
更兼天乙临来二，月奇临六亦同论。
又有时干入墓宫，课中时下忌相逢。
戊戌壬辰兼丙戌，癸未丁丑一同凶。
五不遇时龙不精，号为日月损光明。
时干来克日干上，甲日须知时忌庚。
奇与门兮共太阴，三般难得兑加临。
若还得二亦为吉，举措行藏必遂心。
更得直符直使利，兵家用事最为贵。
常从此地击其冲，百战百胜君须记。
天乙之神所在宫，大将宜居击对冲。
假令直符居离九，天英坐取击天蓬。
甲乙丙丁戊阳时，神居天上要须知。
坐击须凭天上奇，阳时地上亦如之。
若见三奇在五阳，偏宜为客自高强。

忽然逢着五阴位，又宜为主好裁详。
直符前三六合位，太阴之神在前二。
后一宫中为九天，后二之神为九地。
九天之上好扬兵，九地潜藏可立营。
伏兵但向太阴位。若逢六合利逃形。
天地人分三遁名，天遁月精华盖临。
地遁日精紫云蔽，人遁当知是太阴。
生门六丙合六丁。此为天遁自分明。
开门六乙合六己，地遁如斯而已矣。
休门六丁共太阴，欲求人遁无过此。
要知三遁何所宜，藏形遁迹斯为美。
庚为太白丙荧惑，庚丙相加准会得。
六庚加丙白入荧，六丙加庚荧入白。
白入荧兮贼即来，荧入白兮贼须灭。
丙为勃兮庚为格，格则不通勃乱逆。
天丙加地庚为勃，天庚加地癸为格。
丙加天乙为直符，天乙加丙为飞勃。
庚加日干为伏干，日干加庚飞干格。
加一宫兮战在野，同一宫兮战在国。
庚加直符天乙伏，直符加庚天乙飞。
庚加癸兮为大格，加己为刑最不宜。
加壬之时将上格，又岁兼月日时蓬。
更有一般奇格者，六庚谨勿加三奇。
此时若也行兵去，匹马单轮无返期。
六癸加丁蛇夭矫，六丁加癸雀入江。
六乙加辛龙逃走，六辛加乙虎猖狂。
请观四者是凶神，百事逢之莫措手。

丙加甲兮鸟跌穴，甲加丙兮龙加首。
只此二者为吉神，为事如意十八九。
八门若遇开休生，诸事逢之总称情。
伤宜捕猎终须获，杜好邀遮及隐形。
景上投书并破阵，惊能擒讼有声名。
若问死门何所主，只宜凭吊与行刑。
蓬任冲辅禽阳星，英芮柱心阴宿名。
辅禽心星为上吉，冲任小吉未全亨。
大凶蓬芮不堪使，小凶英柱不精明。
大凶无气变为吉，小凶无气一同之。
吉宿更能逢旺相，万举万全功必成。
若遇休囚并废没，劝君不必进前程。
要识九星配五行，各随八卦考羲经。
坎逢星水离英火，中宫坤艮土为营。
乾兑为金震巽木，旺相休囚看重轻。
与我同行即为相，我生之月诚为旺。
废于父母休于财，囚于鬼兮真不妄。
假令水宿号天蓬，相在初冬与仲冬。
旺于正二休四五，其余仿此自研穷。
急则从神缓从门，三五反覆天道亨。
十干加伏若加错，入库休囚吉事危。
十精为使用为贵，起宫天乙用无遗。
天日为客地为主，六甲推兮无差理。
劝君莫失此元机，洞彻九宫扶明主。
宫制其门为不迫，门制其宫是通谁。
天网四张无路走，一二网低有路踪。
三至四宫得入墓，八九高强任西东。

节气推移时候定，阴阳顺逆要精通。

三元积数成六纪，天地未成有一理。

请观歌里精微处，非是贤人莫传与。

上述《烟波钓叟歌》十分难读，这不仅仅体现在歌中存有大量的专用名词，如“直符”、“超神”、“旺相”等为一般人感到陌生，而且其中的术语非常多，如“还乡一九宫”、“玉女守门”、“三奇入墓”等，同时歌中还保留着大量的古代历法知识，这既是读通奇门遁甲的主要障碍，也给人理解它的实际内容带来了很大困难。不过，如能确切地掌握前面所介绍的有关奇门遁甲术的基本概念，对理解歌诀也能起到事半功倍的作用。今本《烟波钓叟歌》的基本内容，主要表现在以下几个方面：

一、首先叙述天地阴阳五行及奇门遁甲的产生与发展，其中包括奇门遁甲局法的演变过程。这些内容是指《烟波钓叟歌》的开头十四句，即黄帝与蚩尤大战于涿鹿时，天神授“图”与“书”，于是黄帝命风后据“图”与“书”，演成奇门遁甲。至姜子牙创开七十二局法，张良删定十八局法，为奇门遁甲术的最终定型。这些内容正是古代人们津津乐道，以此来推衍奇门遁甲起源的主要依据。

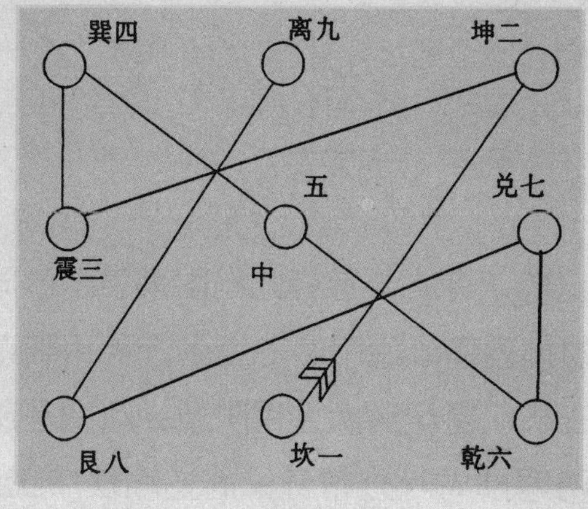

图 49　九宫

二、叙述九宫、八门及八卦排列顺序。如坎为一宫，坤为二宫、震为三宫、巽为四宫、中为五宫、乾为六宫、兑为七宫、艮为八宫、离为九宫。九宫与八门、九星、八诈门彼此相对应，以纵、横、斜三个宫数字相加都为十五。八卦象征天上八种风向、地上八个方位，与每年八节相对应，每节三气，每气三候。坎一宫为冬至，艮八宫为立春，震三宫为春分，巽四宫为立夏，离九宫为夏至，坤二宫为立秋，兑七宫为秋分，乾六宫为立冬。

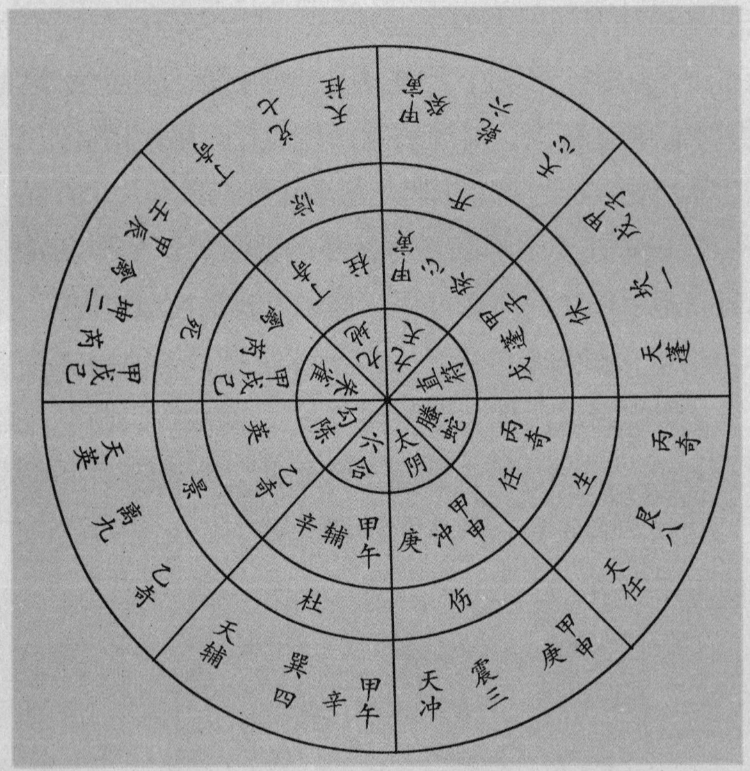

图 50　阳遁一局图

为了便于记忆，有的学者将此作图来表示。同时还对九宫图上阴阳二遁的排列作了说明：冬至到芒种用阳遁，阳遁是顺布六仪，逆布三奇；夏至到大雪用阴遁，阴遁是逆布六仪，顺布三奇。阴阳两遁排局时分布奇仪的逆顺秩序正好相反。如：冬至上元阳遁一局，坎一宫起甲子戊，坤二宫起甲戌己，震三宫起甲申庚，巽四宫起甲午辛，中第五宫起甲辰壬，乾第六宫起甲寅癸，兑第七宫为丁奇，艮第八宫为丙奇，离第九宫为乙奇。这就是阳遁顺布六仪逆布三奇。也就是说，每年冬至后182天15小时，采用八诈门盘的正面阳面，叫作“阳遁顺局”。用两副奇子分别在天盘与地盘上，便叫“顺布六仪、逆布三奇”。又如夏至上元阴遁九局、离第九宫起甲子戊、艮第八宫起甲戌己、兑第七宫起甲申庚、乾第六宫起甲午辛、中第五宫起甲辰壬、巽第四宫起甲寅癸、震第三宫为丁奇、坤第二宫为丙奇、坎第一宫为乙奇。这就是阴遁逆布六仪顺布三奇。也就是说，每年夏至后的182天零15小时，采用八诈门盘的背面阴面，叫“阴遁逆局”。用两副奇子分别在天盘与地盘上，便叫“逆布六仪，顺布三奇”。详见下图。

图 51　阴遁九局图

奇门遁甲术的阴阳两遁共有十八局法，各遁九局。确定了阳循和阴遁，然而再根据奇门遁甲的罗盘旋转来考察八门中的开、休、生三个吉门分别属于哪一宫，如果三吉门之一又合乙、丙、丁三奇之一，那么这个方位基本上可以肯定是吉利的方位，有利于出行、修建房屋、嫁娶、埋葬亲人，凡事大吉。如果只有吉门而不合三奇，也能算吉利。如果非吉门，又不得奇，即为凶方，应该谨慎行事，方可免去灾殃。

三、叙述兵家布阵克敌制胜的方法，这方面的内容在《烟波钓叟歌》中占有相当的篇幅，如歌中所云“天乙之神所在宫，大将宜居击对冲。假令直符居离九，天英坐取击天蓬”等句。天乙宫，即指天盘某星所居之宫，将派将领占据向相对方向发起进攻。此时阳遁用天盘某星，阴遁用地盘某星，则可取胜。第二种方法，即用九天宫，即八诈门盘中的九天这一方位，在阳遁顺图中，八诈门直符后一宫为天九；阴遁逆图中，八诈门直符前一宫为九天。立于九天这个方位，向相对方向发动进攻，敌不能阻止我方锋芒。第三种方法，用生门合三奇之宫，率兵从生门这个方位出击死门这个方位，一定能大获全胜。又如大寒上元阳遁三局甲已日丁卯时，旬甲头为甲子，天冲为直符，伤门为直使（按直符指九星，直使指八门）。天盘直符天冲加临地盘时干丁上，则六丁卜临离九宫，正南天乙宫，这时天乙宫方位攻击北方之敌，必报捷。八诈门阳局顺图，直符为天盘天冲，八诈门直符后一宫为九天，下临地盘巽四宫，宜从东南方方向出兵方能击退西北方向之敌。如用八诈门图，丁卯时泊在乾六宫，人盘直使伤门加在地盘乾六宫上，此时生门与天英合下临七宫，这时应从正西方位用兵，能克敌制胜。若阴遁八局甲已日平旦丙寅时，旬甲为甲子，天任为直符，生门为直使。因阴遁，所以天乙宫用地盘直符，地盘在八宫的直符天任正处东北方位，吉。八诈门用阴遁逆图，直符地盘天任，九天下临震三宫，正东方位亦吉。如用八诈门图，丙寅时泊在乾六宫，人盘上直使生门加地盘乾六宫，西北方位吉。同时有五个不适宜攻击的方位，称“五不击”。第一不击天乙宫（直符所在方位），第二不击九天宫，第三不击生门宫，第四不击九地宫，第五不击直使宫。以上五宫方位均不可主动攻击，否则出师不利。

又如《烟波钓叟歌》云“九天之上好扬兵，九地潜藏可立营。伏兵但向太阴位，若逢六合利逃形”之句，据《孙子兵法》，九地，幽深之地，九天，极高之处。所谓：“九地者，幽隐之至深也；九天者，刚健之至极也。藏于九地言守之至深，动于九天言攻之至极也。”意思是说在战争中，得九天的一方利于大张旗鼓地发动进攻，得九地的一方却适宜坚固地防守，如可利用地形优势、暗道堡垒之固、机关埋伏之险，亦可采用防守反击的策略。相传九天代表攻伐的运气，可以借此扬兵耀武，而九地则表示晦气，但却可以借此藏形匿迹。九天利攻，九地宜守。显然《烟波钓叟歌》的上述歌诀，实际上是阐明在战争中敌我双方攻守之间的转换关系。如以奇门遁甲术来表示：阳遁上元一局，甲己日丙寅时，天上直符加临艮八宫，那么直符后一宫九天方位在坎一宫，直符后二宫九地方位在乾六宫，直 符前二宫太阴方位在巽四宫，直符前三宫六合方位在离九宫。又阴遁上元九局，甲己日，丙寅时，这时天上直符加临坤二宫，那么直符前一宫九天方位在兑七宫，直符前二宫九地位于乾六宫，直符后二宫太阴方位在巽四宫，直符后三宫六合位在震三宫。而判断是吉是凶，看甲子加直符，前面二、三、六、七宫方位吉，以一、四、八、九、五宫方位表示凶。

又如歌诀云：“丙为勃兮庚为格，格则不通勃乱逆。天丙加地庚为勃，天庚加地癸为格。”“格”是阻碍、阻隔的意思，“勃”，是乱的意思。此歌的蕴意在说凡天盘上的六丙所处在的星宫为直符的时候，或在演局时加临到地盘上的预测时的年月日时在天干上，这时就叫“勃”。遇到“勃”，不管是进攻或者是防守，都预示着“勃乱”的征兆。所以有俗谣云：“丙丁值为勃，火星焚大屋，移室且安然，独自闻愁哭。”“庚为格”，特指天盘上的六庚所处之星宫当直之时，加临到地盘上用事的年月日时的天干上，这种现象一旦出现，便预示着将遇到阻碍或麻烦。俗谣亦云：“假尔为客不宜争，统兵领众避此时，唯宜固守不宜行，百事遇庚凶莫测。”意思是说，遇到庚为格时，作为进攻者不宜主动出击，应固守己位，只有避开这个时间方能转危为安。

《烟波钓叟歌》不厌其烦地讲述选择吉方、吉时、吉日，以利用兵、攻伐乃至撤退、埋伏等。而历史上，在各类书籍中，也经常出现某某精通三式、某某精通奇门遁甲的记载，至于究竟如何指导打仗，如何布阵破敌，则鲜有详细的说明，而上面所举南宋郭京依靠奇门遁甲术布阵及败于金兵的故事，从反面证明《烟波钓叟歌》所阐述的用兵之道，不正应了“纸上谈兵”这一被世人所耻笑的古老俗语吗？

四、奇门遁甲术的演局常与一年的季节有着密切的联系，季节的先后也直接影响到定局，所以《烟波钓叟歌》中反复强调了接气超神、正授、置闰等与布局的关系。所谓“接气超神”，接是迎接的意思，气是指一年的节气。超是超越，神是进神，所以“接气”是指甲子、乙卯等符头未到而节气先到的现象。而“超神”是指节气未到而甲子、乙卯等符头先到的现象。接气超神直接影响到如何布局和定局，所以《烟波钓叟歌》云“接气超神为准的”。如某年阴历四月十三日壬申才交立夏节，而四月初五日是甲子，即符头已至而节气在后，用超神法，即从四月初五日起先借立夏上局，初十日己巳为立夏中局，十五日甲戌为立夏下局。接气如某年阴历二月二十三日，虽然交清明节气，但实际上到了二十五日才是己酉，即上局符头，在这种情况下二十三日至二十四日仍用前一节气之下局，即春分下局，至二十五日始用清明上局。所谓正授，即指节气的头一天正与节气同时在一天，如己巳年（一九八九年）农历是二月十三日己卯，这一天子时交春分节，符头和节气碰到了同一天，这时便称正授。阴历置闰也很复杂，它直接影响到超神接气的准确性。由于超神在开始时，符头只超过节气一两天，以后逐渐超得愈来愈多，到超过第九天时就要置闰。所谓置闰，就是重复一个节气，即把某个节气的上中下三元重复一次。如在芒种置闰，芒种上中下三元为阳遁六、三、九局，就是在芒种下元阳遁九局之后，接着最后一天（芒种下元第五天），按照日辰次序向下排，再安排阳遁六局，阳遁三局、阳遁九局，然后才开始夏至上元阴遁九局。置闰的三元又称作"闰奇"。当然，并非是每一个节气都可以置闰，置闰只能在特定的每年中的芒种和大雪这两个节气中进行，如果不是在这两个节气中，即使超过十天也不能置闰。为什么置闰一定要放在这两个节气呢？因为这两个节气恰在二至（冬至、夏至）之前。由于阳遁布局是从冬至开始，而阴遁布局则是从夏至开始，在冬至、夏至之前的节气置闰，就是在阳遁阴遁开始之前调好符头，使符头和节气尽量接近，而免去愈超愈多的现象发生。

由于江湖术士不懂得超神、正授、置闰等节气变化的规律，往往在布局时颠倒错乱。也正因此，要了解奇门遁甲术，还必须掌握一年四季节气变化的历法知识。

五、《烟波钓叟歌》所提各种局象与术语名目繁多，其中重要的有四五十个之多，它组成了奇门遁甲术从事预测趋吉避凶的基本依据，因此《烟波钓叟歌》的另外一部分内容是介绍这些术语。综观这些术语，大致不出吉凶两大类。用奇门遁甲的语言来说，通称“吉格”与“凶格”。所谓“格”，即格局的意思，所以吉凶两格，也就是指奇门遁甲的吉利格局与凶险格局。为了方便阅读与理解，现将《烟波钓叟歌》中的有关格局、术语，用极概括的文字来说明其特点与用途。

吉格主要有：

青龙回首：又称“龙反首”。天盘六戊（甲子），地盘两奇。大吉大利。如遇门克宫或地盘为震三宫（击刑）的情况。则由吉变凶。

飞鸟跌穴：又称“鸟跌穴”。天盘两奇，地盘六戊（甲子）。百事洞彻。以下“九遁”在奇门遁甲又称为“九吉格”。

天遁：天盘乙奇，中盘生门，地盘丁奇。生门主兴隆，又得月华之气，百事兴旺。有利于求官、经商、婚姻。

地遁：天盘乙奇，中盘开门，地盘六己。此遁象征开门通达，又得日精之蔽，百事皆吉。有利于扎寨藏兵、修造、逃亡绝迹、安坟等。

人遁：天盘丁奇，中盘休门，神盘太阴。此遁象征得星精之蔽，有利于双方和谈、派兵侦察敌情、广开贤路，结婚、经商均为吉利。

云遁：天盘乙奇，中盘开、休、生三吉门之一，地盘六辛，此遁得云精之蔽，有利于观察气象、安营扎寨、修造兵器。

风遁：天盘乙奇，中盘开、休、生三吉六之一，地盘为巽四宫。如风从西北方面来，有利于乘胜追寇；如从东方来，敌方埋伏在东、南两方，宜谨慎，皆不可匆忙应战。

龙遁：天盘乙奇，中盘开、休、生三吉门之一，地盘坎一宫或六癸。有利于求雨、水上交战、穿井修桥。

虎遁：天盘乙奇，中盘休门、地盘六辛艮八宫。有利于招降、守御。

神遁：天盘丙奇，中盘生门，神盘九天。有利于攻虚、开路、塞河、造像。

鬼遁：天盘丁奇，中盘杜门，神盘九地。有利于偷袭。

其他吉格有：

三奇得使：指六甲自己得到所使三奇：甲戌、甲午，乙奇为使；甲子、甲申，丙奇为使；甲辰、甲寅，丁奇为使。三奇得使格，是大吉格。若阳遁三局乙庚日丁亥时，乙奇下临九宫。阳遁三局应顺排六仪逆布三奇。《烟波钓叟歌》云："乙逢犬马丙鼠猴，六丁玉女遇龙虎。"即以地支与十二生肖相配：子鼠、丑牛、寅虎、卯兔、辰龙、巳蛇、午马、未羊、申猴、酉鸡、戌狗、亥猪。天盘乙奇加临地盘甲午为逢马，加临甲戌为逢犬；而加临甲子为逢鼠，加临甲申为逢猴；丁奇加临甲辰为逢龙，加临甲寅为逢虎。以上为三奇得使，最为吉和。见下图。

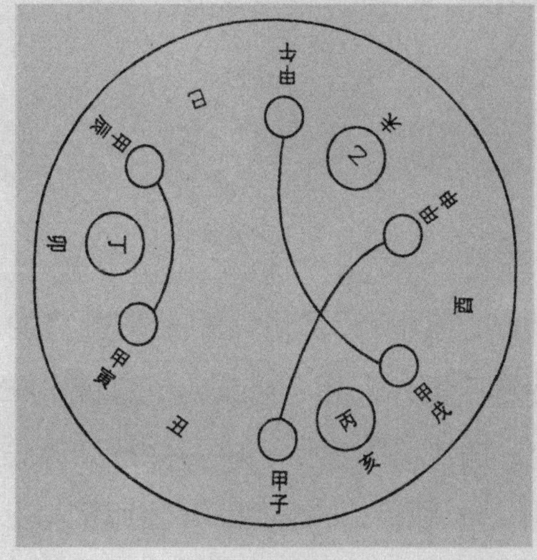

图 52　三奇得使

玉女守门：“玉女”指丁奇，“门”是指直使之门。若阳遁一局，顺排六仪，逆布三奇，旬甲头为甲子，天蓬直符，休门直使。甲子时，休门坎一宫；乙丑时，休门坤二宫；丙寅时，休门震三宫；丁卯时，休门巽四宫；戊辰时，休门中宫；己巳时，休门乾六宫；庚午时，休门兑七宫。阳遁一局，地盘丁在兑上，庚午时，丁奇碰上直使休门之所在兑七宫，即甲子旬头庚子时，称玉女守门，是吉格，有利于宴会喜乐之事。

地四户：地四户是指用月建角度判断吉凶。所以月建加本时地支，寻找除、危、定、开在户处，此称地四户。地四户主有口福，远行出入均系吉日吉方。地四户见下图。

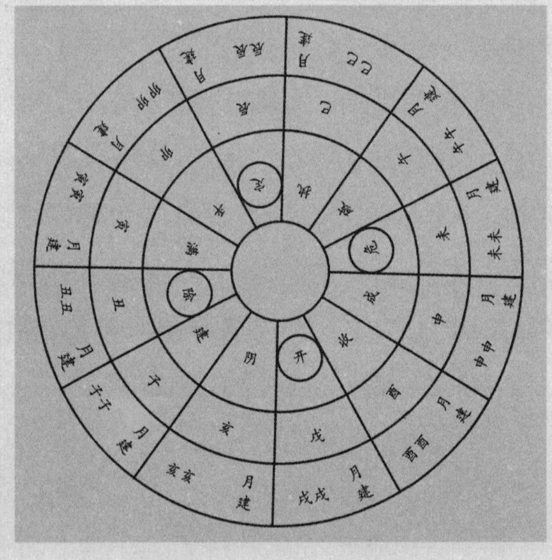

图 53　地四户活盘图

地私门：地私门是以天月将，即太阳过宫加所用正时看贵人所在何宫，就是从贵人上起：依贵人、螣蛇、朱雀、六合、勾陈、青龙、天空、白虎、太常、玄武、太阴、天后顺序而行。阳贵人从字上起甲，干顺行，故庚戊二干阳贵人在丑，阴贵人申上起甲，干逆行，庚戊阴贵人在未，甲干阴贵人在丑。地私门亦属吉格，地阳有利于攻击，地阴可及时撤退，即使战败亦可奔向六合方位暂时躲避。地私门阴贵活盘图与地私门阳贵活盘图如下。

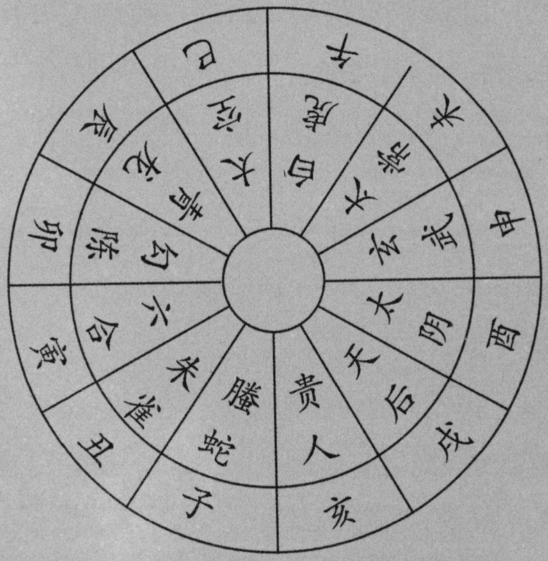

图 54　地私门阴贵活盘图

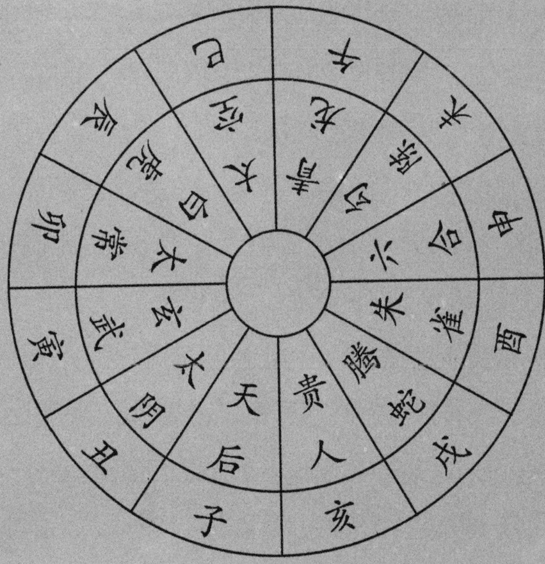

图 55　地私门阳贵活盘图

凶格主要有：

青龙逃走：又称“龙逃走”。天盘六乙加临地盘六辛，乙为木，象征东方青龙；辛为金，为西方白虎。金克木，龙虎相斗，龙将逃遁，所以歌诀云：“六乙加辛龙逃走。”此时不宜举兵，百事不利，举事一方反伤，失财、遗亡、破败。如小暑中元阳遁一局，丙、辛之日，己亥时分，己亥旬头为甲午，天任为直符，时干六己在坎一宫，以直符加坎一宫，则天盘乙奇下临六辛于艮八宫，即为青龙逃走。

白虎猖狂：又称“虎猖狂”。天盘六辛加临地盘六乙，辛金为客而克乙木，故称白虎猖狂。此时不宜举事，主客两败俱伤，求财则有凶，婚姻、修造有灾殃，不宜轻举妄动。如立秋上元阴遁二局，甲、己日，壬辰时分，天芮为直符，时干六壬在兑七宫，以直符加兑七宫，则天盘天任六辛加临乙奇于震三宫，即为白虎猖狂。

朱雀投江：又称“雀投江”、“螣蛇夭矫”或“蛇首反为雀”。天盘六癸加临地盘六丁。丁属火为南方朱雀，癸属水为北方玄武，水火不相容，故产生夭矫之凶。主有失文书或受文书之类牵连，或有火灾，用兵防内奸，百事皆凶。俗谣云：“六丁加六癸，朱雀入水流。口舌犹未罢，官事使人愁。”如立冬下元阴遁三局，甲、己之日，壬申时，壬申旬头为甲子，甲子戊在三宫，天冲为直符。时干六壬在艮八宫，以天冲加艮八宫，即得天盘丁奇下临六癸于兑七宫，这就是朱雀投江。

太白入荧和荧入太白：据《诗经·小雅·大东》云：“东有启明，西有长庚。”这个“庚”即指太白金星。丙为阳火，故为火星，一称荧惑。奇门遁甲术天盘与地盘的旋转过程中会形成两个凶格，这就是所谓的“太白入荧”与“荧入太白”。太白入荧即指天盘六庚加临地盘丙奇，是金入火乡，受克而凶，此时宜防敌方派兵偷营劫寨。如冬至下元阳遁四局，甲、己之日，壬申时分，时干六壬在艮八宫，以天辅直符加临艮八宫，杜门直使加震三宫，则天盘六庚加临丙奇于二宫，故称“太白入荧”。天盘丙奇加临地盘六庚为荧入太白，又称“火入金乡”。如交战时应及时退避，不宜冲击而加强防守。如立冬上元阴六局，甲、己日，丙寅时，旬甲头甲子，直符天心，开门为直使。天盘直符天心加临地盘时干丙于艮八宫，六丙天任在天盘下临地盘六庚天辅于巽四宫，故称“荧入太白”。

六仪击刑：所谓“刑”，即指互相防碍。奇门遁甲术的十二地支相刑的情况有三种：子刑卯、卯刑子，为无礼之刑；寅刑巳、巳刑寅、申刑寅，为特势之刑；丑刑未、未刑丑、戌刑丑，为无恩之刑；其余辰、午、酉、亥均为自刑。六仪击刑则指天盘六甲之地支加临于它所刑地支之宫。如甲子直符加临震三官，震宫地支为卯，子刑卯，故为刑击；甲戌直符加临坤二宫，未在坤二宫，戌刑未，故甲戌直符加艮八宫为击刑；寅在艮八宫，申刑寅，故甲申直符加艮八宫为击刑；午在离九宫，午自刑，故甲午午直符加临离九宫为击刑；辰在巽四宫，辰自刑，故甲辰直符加临巽四宫为击刑；巳在巽四宫，寅刑巳，故甲寅直符加临巽四宫为刑击。以上六种情况统称“六仪击刑”，表示大凶，凡事均应谨慎。

三奇入墓：三奇指乙丙丁三奇，入墓即指乙丙丁三奇下临墓库地支所在之宫。乙阴木长生于午，墓于戌，戌在乾六宫，故乙奇临乾六宫为乙奇入墓。丙为阳火，火墓亦在戌，戌在乾六宫，故丙奇临乾六宫为丙奇入墓。丁阴火长生于酉，墓于丑，丑在艮八宫，故丁奇临艮八宫为丁奇入墓。三奇入墓百事为凶，即使能得吉门相助，也无济于事。

五不遇时：五不遇时指五阳时干克五阳日干（五阴干相同），凶格。具体是：甲日庚午时为金克木，丙日壬辰时为水克火，戊日甲寅时木克土，庚日丙子时为火克金，壬日戊申时为土克水，乙日辛巳时金克木，辛日丁丑时火克金，癸日己未时土克水。所以俗谣云："甲日怕庚己怕乙，乙辛庚丙最为殃。丙壬丁怕癸时恶，辛丁壬愁戊不良。戊畏甲兮君莫用，癸应嫌己莫相当。"

天网四张： 六十甲子中的癸酉、癸未、癸巳、癸卯、癸丑、癸亥六个时间古人称之"天网"，而天干六癸加临时干称天网四张。天网四张凶格，主要表示不能进行征伐兴兵之事。它的天网也有高低之分，若天盘六癸直符加临地盘一、二、三、四宫，天网分别是一至四尺，此时难于突围，但可潜行匍匐突出重围。然若天盘六癸直符加临地盘六、七、八、九宫时，天网亦由此而不断升高，此时若要强行突围或出击，必遭血光之灾。

奇门遁甲术的凶格很多，又有所谓的伏干格、飞干格、飞勃、地网遮、直符相冲等，这里就不一一介绍了。

《烟波钓叟歌》的吉格与凶格并不是奇门遁甲术借以判断和预测吉凶的全部，其中尚有很多未列入吉凶两格的局象，所以在预测吉凶时还必须参照原文。此外，上面所列吉凶两格的基本属性也不是一成不变的，它往往又能相互转化，逢凶化吉，由吉化凶；或凶上加凶，吉上再吉等。当然，吉凶格局本身仍还有轻、重、缓、急的本质区别，凶里面往往存有吉的因素，在一定场合中向吉转化，而吉中也未必纯粹是吉，其中亦往往潜伏着倒向凶的因素，在预测某一事件上是大吉，而预测另一件事上恰巧又是大凶。孰凶孰吉终究还是一个谜。然而奇门遁甲术凶吉的预测与任何古代占卜术一样，它之所以令人神往、敬畏，并非是五花八门古奥艰涩语言的外面包装，而是古代人们崇拜天神，渴望预知，寻求趋吉避凶的心理造成的。而奇门遁甲术的吉凶本身也是从各种天神的象征物那里演化出来的，它是依靠人类心理上的虚幻的力量来起作用的，没有人类心理因素外化在各种象征物上的力量，那么奇门遁甲术中的吉凶预测仅是一纸空文而已。从这一意义上说，《烟波钓叟歌》的吉格与凶格也只是充满臆测的骗术。

《烟波钓叟歌》除了上述介绍的基本内容外，全文始终贯穿着这样一个基本理论，那就是详细阐述了主客体之间的关系问题。如歌中“若见三奇在五阳，偏宜为客自高强。忽然逢着五阴位，又宜为主好裁详”，这里的意思是说：每一天的己、庚、辛、壬、癸五个天干当值的时刻称五阴时。这段时间里最利于作为主人、主体的一方。五阳时利于客方或来方的先挥兵征伐、发动争斗，而五阴时则利于主方采取冷静处理，观察事态的发展，然后以迅雷不及掩耳之势，击败主动者。奇门遁甲术在古代被广泛地运用来预测战争，就是它对主客双方利弊的阐述。

那么怎样分清主客？以动静而言，静者为主，动者为客。以动的先后而言，则先动为客，后动为主。以态度而言，积极主动为客，消极被动固守为主。譬如甲去寻人、访问人、选择将士、招兵买马，则甲为客，他人、对方为主。若人来寻我，他为客，我则为主。就奇门遁甲的罗盘而言，天盘为客，地盘为主。既然分清了主与客，接下来的便是判断是利客还是利主。在判断过程中，主要看具体的时干、具体的格，并以五行生克理论来衡量天地盘的五行生克关系。如活盘是天英加坎宫，宫克星，水克火，水为主，故利主。天蓬加坤、艮宫，天任加震、巽宫，都是宫克星而利主。如果天蓬加离九宫，天心、天柱加震三、巽四宫，天任、天禽加坎一宫，天冲、天辅加坤二、艮八宫，天英加乾六，兑七宫，均为星克宫，都是利客。

同时，主客关系与时间和克应景象也有密切联系，如主客双方五行相同的日月（利主，值主方五行月日；利客，值客方五行月日），又有相应的颜色的云气从相应的方位流来，所利的一方就可以获大胜。

利用遁甲术预测，关键是分清主客。对此，古人曾编有《主客歌》云：

天盘动用占为客，地盘安静占主穴。
细看星宫奇门知，察其刑克吉凶决。
分其日月旺相方，更辨其方云气色。
假如天蓬加九宫，旺相之月在秋冬。
喜逢壬癸亥子日，北方黑气客有功。
若还天英加一地，冬时北方主反利。
奇门星位仿此推，人在时方分仔细。

不过，主客关系还能用于人事的预测，以访人为例，定局之后以所行之方地盘为所访之人，此宫天盘之星为求访者。又如约人来访，按约定时间以奇门来测占，完成定局后，所来方位天盘之星为来人、为客。地盘为主、为你自己。如果合吉门，来人必将带来喜讯；若遇凶格，最好将人拒之门外，以免有不愉快的事情发生。

总之，奇门遁甲的所谓主客关系，实际是依靠预先假定的基本原则，通过两项或多项事物间联系的客观特性，从而来探测几种不同类型的逻辑多值性。然而社会上的事物并没有固定的模式可以遵循，它的多样性在某种程度来说超过了它的应用性。因而，仅仅利用主客来预测丰富多彩的社会活动，其结果只能是“那些掩埋死者的人彼此说话，但其他人互相不说话”的对立状态。正如清初学者顾炎武所指出的那样：“夫庶人至贼也，而犹在蓍龟之前，故尽人之明而不能决，然而谋之鬼焉。故古人之于人事也，信而有，功于鬼也。严而不渎，子之必孝，臣之必忠，此不待卜而可知也。其所当为，虽凶而不可避也。故曰：‘欲从灵氛之吉占兮，心犹豫而孤疑。’又曰：‘用君之心，行君之意。’龟策诚不能知此事，善哉。”

也正因此，确切地说，奇门遁甲仅仅是中国古老的预测术，而不是预测学。换言之，作为奇门遁甲经典的《烟波钓叟歌》也仅仅是一部古老的军事预测地形、方位及时辰方法的汇编罢了。

第三章　式占的操作与应用

在中国传统占卜系统中，它们的操作与应用，随着使用工具的不同而相异。如有以人的出生年月的干支五行的八字推命术，有以兽骨为操作工具的龟骨占卜术，有以汉字结构特性的测字术，甚至还有以牙牌、钱币、竹签、鸡骨等为占卜工具的，真可谓五花八门。与它们相比，式占的操作工具更为奇特，应用又更加神秘，它使用大小不一的罗盘作为操作工具。

图 56　兽骨占卜

一　式占的罗盘

罗盘是式占预测的主要工具：它的操作是以各罗盘的旋转来完成的。罗盘的发明，一般都认为最早是用于航海。在唐代，大天文学家高僧一行早在约公元 710 年就作出了磁偏角的叙述，遗憾的是未能得到进一步的证明。此后在相当长的一段时间里也没有得到文献的进一步记载。但我们却能在传统堪舆书中看到许多的有关磁偏角的描述。如已经被证明为晚唐时期的《管氏地理指蒙》就说："磁者母之道，针者铁之戕。母子之性以是感、以是通。受戕之性以是复、以是完。体轻而经所指，必端应一气之所召。土曷中，而方曷偏。较轩辕之纪，尚在星虚，丁癸之躔，唯岁差之治，随黄道，而占为见成象之昭然。"比《管氏地理指蒙》稍晚些的《九天玄女青囊海角记》的"浮针方气图"中则更为具体谈到了罗盘的形制以及因磁偏角而带来的"缝针"、"正针"之别。所谓"玄女昼以太阳出没而定方所，夜以子宿分野而定方气，因蚩尤而作指南，是以得分方定位之精微。始有天干方所、地支方气，后作铜盘合局二十四向，天干辅而为天盘，地支分而为地盘，立向纳水从乎天，格龙收砂从乎地。今之象占，以正针天盘格龙，以缝针地盘立占，圆者从天，方则从地，以明地经。"上述记载表明：罗盘的发明是在中国晚唐时

图 57　占盘

期，并有所应用，而且盘系铜制。磁偏角的发现、磁罗盘的发明与堪舆家有密切关系，罗盘用于堪舆远早于航海。然而罗盘的实际应用却始于北宋。最早见于记载的是宣和年间（公元1119—1125年）写的《萍洲可谈》，作者朱彧记载在广州所目睹的情况说：“舟师识地理，夜则观星，昼则观日，阴晦观指南针。”同时代的徐兢所作的《宣和奉使高丽图经》一书中也指出：在海洋中如遇阴暗天气，“则用指南浮针以揆南北”。当时的罗盘还仅是一种“水罗盘”，即用磁针横贯几段灯草，浮在盛水的圆盘上，盘外四周是刻有二十四个方向的方位盘。

式占的罗盘主要是指：六壬式盘、太一九宫占盘与奇门遁甲式盘三种。它们虽都以罗盘作为预测工具，但盘与盘之间既有相同的地方，也有相异之处，现分述如下：

（一）六壬式盘

六壬式盘由上下两盘组成，上面圆的叫天盘，下面方的叫地盘。在天盘上面，中部有北斗星，周边有两圈篆文，内圈是正、二、三、四、五、六、七、八、九、十、十一、十二。这是月将，如正是代表正月将，二是代表二月将等。有些六壬式盘上不用正、二、三等字而直书月将的名称。十二月将又名十二神。他们是：征明（亥将，正月将）、天魁（戌将，二月将）、从魁（酉将，三月将）、传送（申将，四月将）、胜先（未将，五月将）、小吉（午将，六月将）、太一（巳将，七月将）、天罡（辰将，八月将）、太冲（卯将，九月将）、功曹（寅将，十月将）、大吉（丑将，十一月将）和神后（子将，十二月将）。十二神中，天罡指北斗一星，从魁指北斗二星。天魁指北斗三星。在天盘上北斗一星总是指向天罡或八月将。在这个式盘的天盘上指向北，就是代表这个意思。圆盘的外圈是二十八宿。周圈表

图 58　上海博物馆藏六壬盘拓本

示周天三百六十五度又四分之一，每天太阳走一度。并将它分属于十二个月将。相传三统历的分法与此不同，是从轸十二度到氐四度属天罡，于辰在辰；从氐五度到尾九度属太冲，于辰在卯；从尾十度到斗十一度属功曹，于辰在寅；从斗十二度至女七度属大吉，于辰在丑等。故知十二个月将不是这个月的月初至月末，而是根据宿度来计算的。十二神在王充《论衡·难岁篇》中又认为：“十二神，登（征）明从魁之辈，工伎家谓之皆天神也。”其实十二月将与后来的十二神为两码事。《唐六典》认为：“又辨十二将，十二月之神，十二将以天一为首，前一曰螣蛇，前二曰朱雀，前三曰六合，前四曰勾陈，前五曰青龙，后一曰天后，后二曰太阴，后三曰玄武，后四曰太常，后五曰白虎，后六曰天空。前尽于五，后尽于六。”对此十二神，后世又绘成各种神像供奉。见下图。

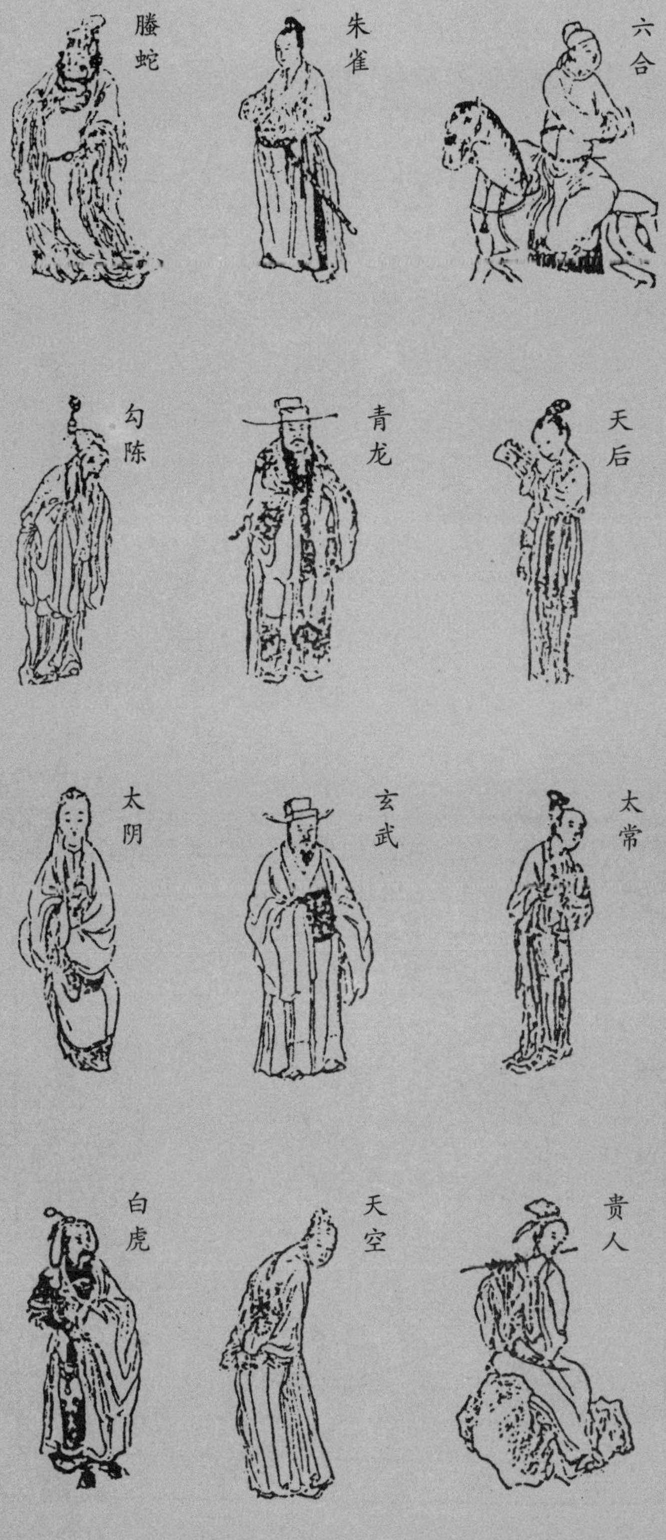

图59 十二神

六壬式的地盘呈方形，四周有三层篆文：内层是八干四维，中层是十二支，外层是二十八宿。关于四维，分别以“天居己，土斗戊，人日己，鬼月戊”为天、土、人、鬼四门。宋杨惟德的《六壬神定经》上说：“天门在西北，西北者戌亥之间；地户在东南，东南者辰巳之间；人门在西南，西南者申未之间；鬼门在东北，东北者丑寅之间。”而据《后汉书·郎觊传》载：“《诗氾历枢》曰：‘卯酉为革政，午亥为革命，神在天门，出入候听。’言神在戌亥。”这意味着汉代的有些六壬式盘上的四门迳作“戊天门，己鬼门，戊土门，己人门”。

六壬式盘在宋代有了新的变化，式盘是以等级来区分大小的，有所谓天子式、王公侯伯式、卿大夫式和士庶人式四种。最大的是天子式，余以次递降。完整的六壬式盘见下图。

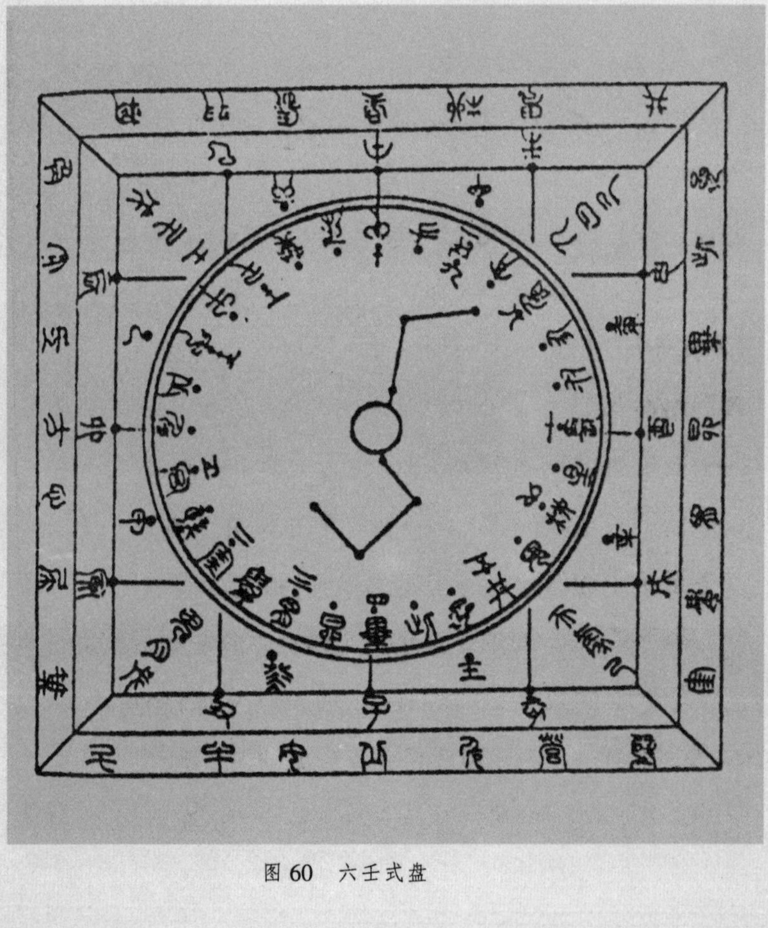

图 60　六壬式盘

（二）太乙九宫占盘

现存最早的太乙九宫占盘出土于1977年，是安徽阜阳县罗庄大队汝阴侯墓中的墓葬品之一。这占盘也分天地两盘。天盘是一个九宫，隋萧吉《五行大义》引《黄帝九宫经》："戴九履一，左三右七，二四为肩，六八为足，五居中宫，总御得失。"这显然与洛书上的九宫图一样，并不神秘。通过这个天盘的圆心，画四条两两互交的直线，将盘面分为八等分，按九宫数分注于直线末端，九代表百姓，一代表君，中央代表吏，三代表相，七代表将。这与《灵枢经》所载基本相同。地盘上的文字比较容易明白，四周格线外乃二分二至和四立的日数，其中仅秋分仓果45日与《灵枢经》的46日差一天。地盘的背面是定四分历冬至时刻数。四分历冬至小余开始是零，则第二冬至小余为四分一等于0.25，第三冬至小余为四分二等于0.5，第四冬至小余为四分三等于0.75。这就是盘上的夜半、平旦、日中、日入四个时刻的由来。《灵枢经》还有合八风虚实邪正图，以"冬至，坎，惊蛰；立春，艮，天留；春分，震，仓门；立夏，巽，阴洛；夏至，离，上天；立秋，坤，玄委；秋分，兑，仓果；立冬，乾，新洛；招摇中央"，即以八卦分配九宫的八方。《后汉书·张衡传》注引"《易乾凿度》曰：太一取其数以行九宫。郑玄注：太一者八辰神名也，下行八卦之宫，每四乃还于中央，中央者北神之所居，故谓之九宫。"九宫的移动法则：以太一下九宫，从坎一宫始。余以此类推。

太一九宫占的使用，较六壬式和奇门遁甲式简单，这里先作介绍：首先是把天盘中的一君对准地盘上的冬至，这是第一日，第二日移动天盘把二宫转到冬至点，第三日把三宫转移到冬至点，第四日把四宫转到冬至点，第五日五宫的表示当仍以一宫为准。六、七、八、九日同上法。第十日又周而复始。《五行大义》卷五论诸神内说："太一主风雨、水旱、兵革、饥疫、灾害。”究竟如何利用太一九宫占盘，《隋书·经籍志》有《太一九宫杂占》十卷，已佚。因此，我们现在所能见到的有关其占法的史料，也仅是零星片断，只能从中知道其大概了。太一九宫占盘如下图。

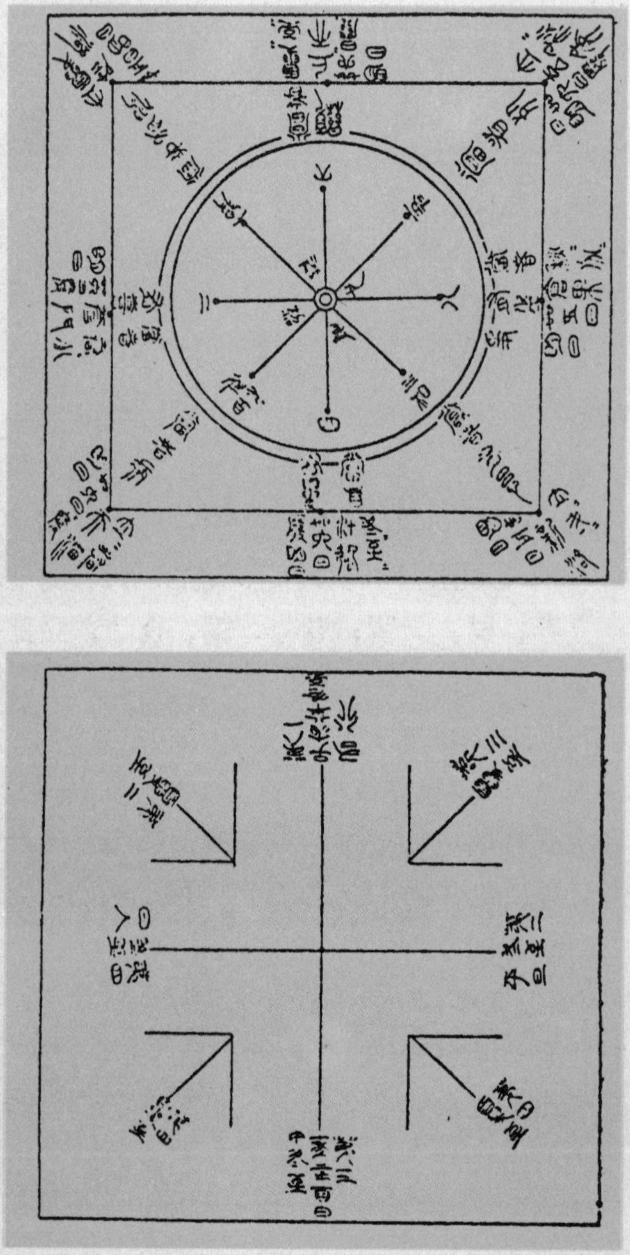

图 61　太一九宫占盘

(三) 奇门遁甲式盘

三式中奇门遁甲式盘比六壬式盘、太乙九宫占盘较为复杂，罗盘数量达四个之多，盘中内容几乎囊括了三式中所有的主要门类。四盘均系圆形，从下往上，从大到小，叠合在同一轴心上面，其名称是：地盘、天盘、人盘及八诈门盘（有正反两面）。另外，还配有两副奇子，每副 9 枚，共 18 枚。

下面将按照顺序逐次介绍。

1.地盘

四圆盘中最大的圆盘，盘面分八成小格，每格分别记上方位、九星、八门的排列顺序及禁忌字样与五行属性。

根据方位：坎北、离南、震东、兑西、艮东北、巽东南、坤西南、乾西北。

九星顺序：天蓬、天任、天冲、天辅、天英、天芮、天柱、天心，这八星，又因中宫天禽无位，寄处于坤二宫中，一共排了九星，这是各星的既定位置。

八门顺序：休门、生门、伤门、杜门、景门、死门、惊门、开门，这八门也是既定位置。

按照古代“天圆地方”、“天动地静”的说法，地盘是不旋转的。地盘图如下图。

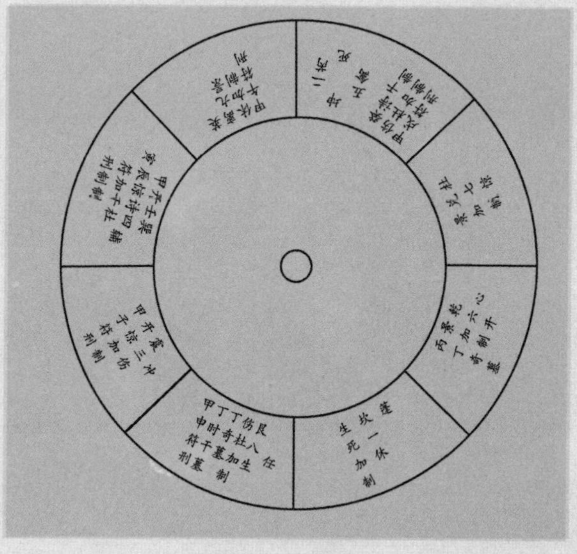

图 62　地盘图

2.天盘

较地盘略小，套入地盘内，亦分八格，亦较地盘简单，分别记上天蓬、天任、天冲、天辅、天英、天芮、天禽、天柱、天心，凡九星名，未开局前与地盘相应。见下图。

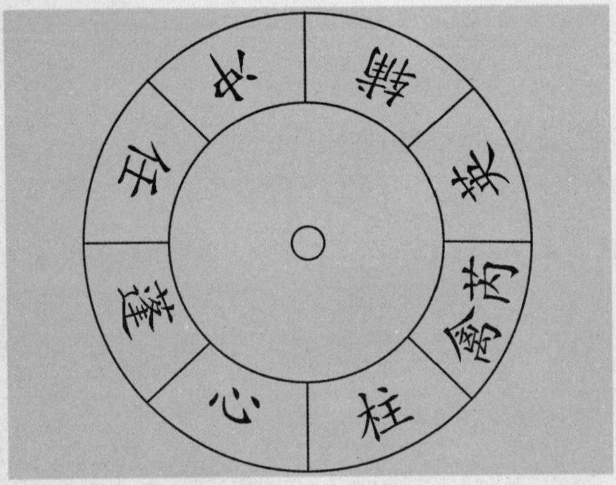

图 63　天盘图

3.人盘

又称天盘门，较天盘略小，套入天盘内，亦分八格，每格记上休门、生门、伤门、杜门、景门、死门、惊门、开门，凡八门，开局前，亦与地盘相应。见下图。

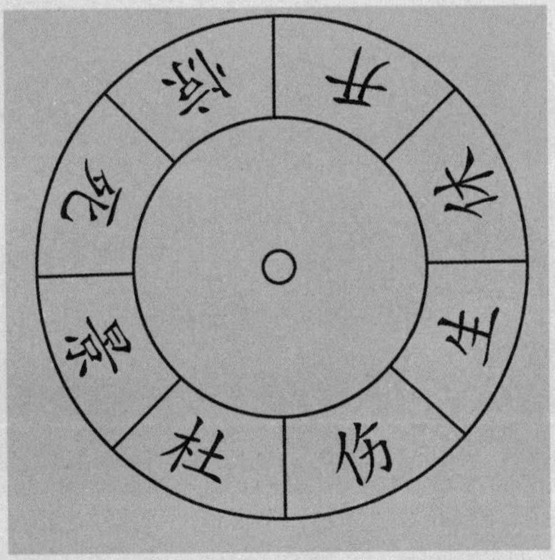

图 64　人盘图

4.八诈门盘

又称天诈门盘，略小于人盘，套入人盘内，分正背两面，正面阳遁，其顺序是：勾陈、朱雀、九地、九天、直符、螣蛇、太阴、六合；背面阴遁，其顺序是：勾陈、六合、太阴、螣蛇、直符、九天、九地、朱雀。每年冬至后的 182 天 15 小时，采用八诈门盘的阳面；每年夏至后的 182 天 15 小时，采用八诈门盘的阴面。八诈门盘上的直符是带动其他星座的枢纽，跟随天盘九星直符的方位旋转。八诈门盘见下图。

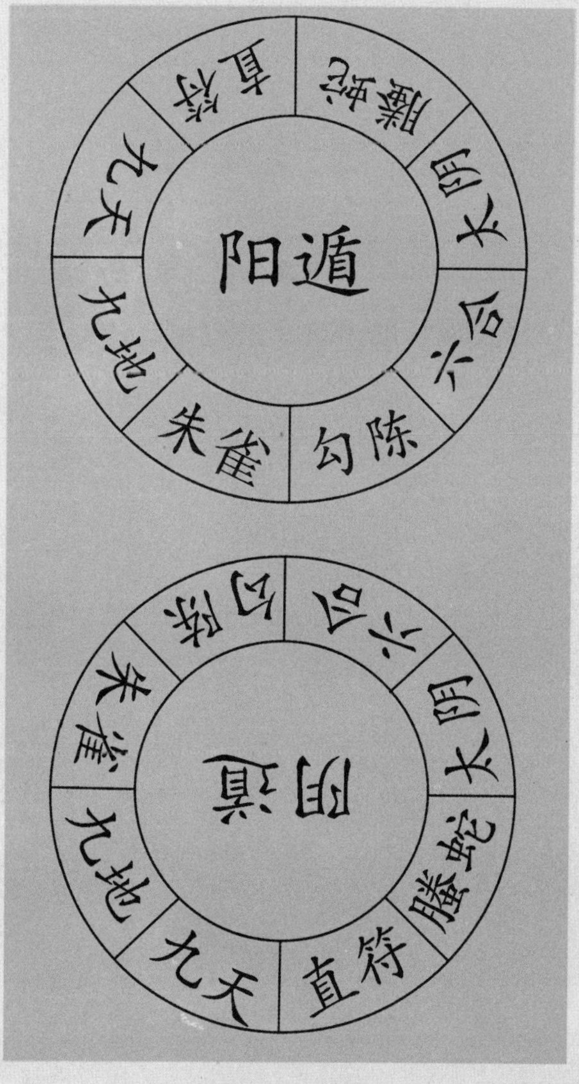

图 65　八诈门盘

5.奇子

奇子在古代一般用象牙或嘉木制作。奇子一式两副，一副用于作地盘，一副用于天盘。每副奇子共有九枚，两副共十八枚。每个奇子可以翻转使用，正面用黑体字，背面用红体字。奇子在排布时，若遇上直符时，必须使用背面红体字，以示区别。每副奇子上依次写上“六仪”与“三奇”这九个天干，即戊、已、庚、辛、壬、癸这六仪和乙、丙、丁三奇。九枚奇子的顺序如下：

六仪						三奇		
戊	巳	庚	壬	辛	癸	丁	丙	乙
甲子	甲戌	甲申	甲辰	甲午	甲寅	星奇	月奇	日奇

二　式占的演局

式占的演局是进行预测的关键，直接影响到吉凶祸福的最后判断。三式占中太乙的演局，预测已如上述，而六壬与奇门遁甲的演局和预测不仅是使用工具的不同，而预测的侧重也有极大的区别。先看六壬式的演局和预测：

六壬式开局首先假定某年十一月二十八日冬至，太阳在斗二十一度。斗二十一度按三统历法在斗十二度到女七度之间，十二神属大吉，即丑将。如求该年十一月初七日甲申辰时占，则十一月初七日离十一月二十八日十一天，凡十一度，从二十一度退减十一度，即十一月初七日太阳在斗十度，则是在尾十度到斗十一度之间，十二神已属功曹，即寅将。所以求甲申日，辰时，寅将占。此时先以式盘中的天地两盘摆正，即天盘上面的第十二月将（子将）对准地盘上的子，面向南（朝向南，暮向北），左手拿住地盘的东北角（鬼月戊处，右手转动天盘，把天盘上的寅将，对准地盘上的辰时，这样便可算出六壬式中的四课和三传。这甲申日，辰时，寅将，求得的四课是：第一课是子甲，第二课是戌子，第三课是午申，第四课是辰午。三传是初传午，再传辰，三传寅。根据这四课和三传，便可判定占日的吉凶。

宋祝秘的《六壬大占》有一篇壬壬兵机三十占，是六壬式用于军事上的。如说："大将居方取亥宜。"即指安营方位的决定。以月将加时看天盘上亥字落在何方，假如三月将未时，则天盘上的月将亥落在地盘酉上，便是在正西方安营为妥，其他均可类推。又如《六壬军帐赋》中有"昏濛失路，执式天盘"、

“泥陷之地，天罡指处以堪行”等句，是作为方向的工具。

六壬式的预测起源很早，根据东汉赵晔所撰《吴越春秋》记载：六壬占的上文有“金匮第八”字样，对照六壬盘之天盘的北斗星辰与上述关于堪舆的记载，我们推测“金匮第八”或许是《堪舆金匮》中的第八卷。因此，六壬式的预测与传统堪舆术有着密切的联系。如《论衡·诘术篇》对“图宅术”有所记叙：“图宅术曰：宅有八术，以六甲之名数而第之，第定名立，宫商殊别，宅有五音，姓有五声，宅不宜其姓，姓与宅相贼而疾病死亡，犯罪遇祸。……图宅术曰：商家门不宜南向，征家门不宜北向，则商金，南方火也；征火，北方水也，水胜火，火贼金，五行之气不相得，故五姓之宅，门有宜向，向得其宜，富贵吉昌，向失其宜，贫贱衰耗。”显然，图宅术理论要点是将宅与户主的姓氏联系起来，其理论基础与依据，正是五行之气的相生相克原理，这不仅与堪舆理论相通，也与六壬的说法颇为一致。又如清代学者钱大昕《十驾斋养新录》考证堪舆中的十二神即六壬术中的十二神，从而证明六壬式的预测源起于堪舆风水。现在常见的风水罗盘一般有五层，形状为圆盘形或者八卦形，有的装有手柄，便利持握。如下图：

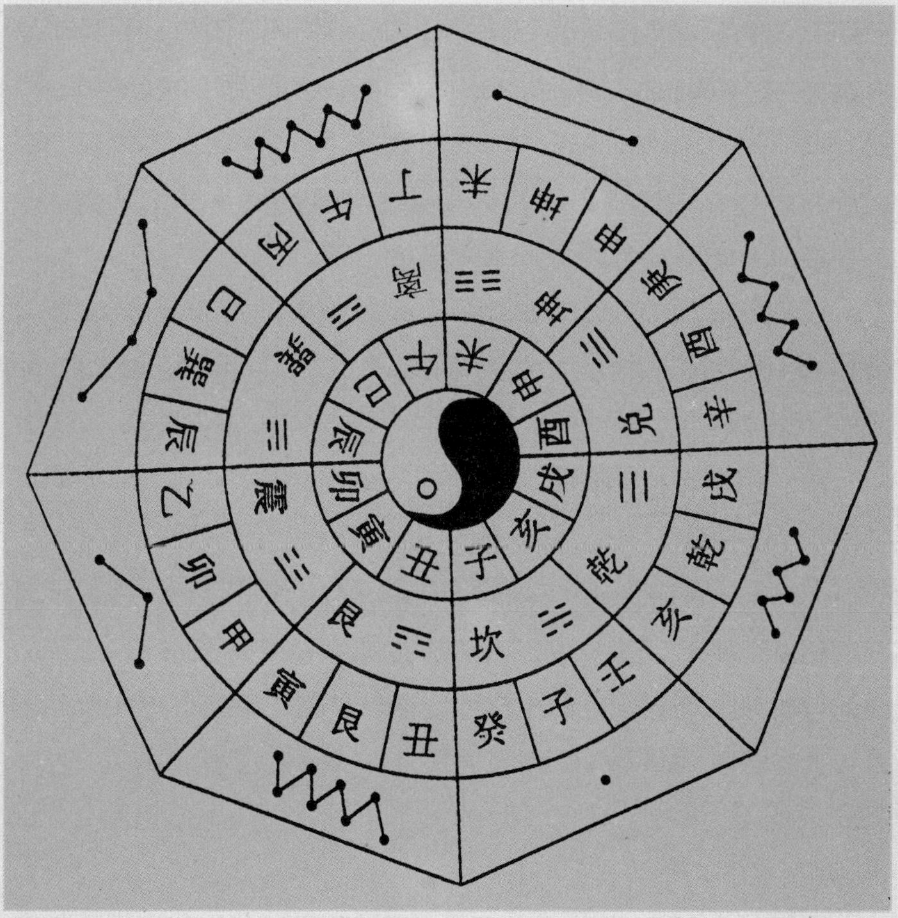

图 66　风水罗盘

图的中心，即天池，可以装指南针，也有绘上太极图形而装磁针者，而与专用的指南针配合使用。第二层为十二宫，主要用以指天文星宿的方位，依此来判断地面上的吉凶方位。第三层为八卦。第四层为二十四山。第五层为洛书九宫，其中五宫居中央。洛书九宫主要是用来与八卦相配合以推算吉凶的。从这罗盘中，我们亦能求到时空合一、宇宙图案的移写，同样把宇宙分成天、地、人三大关系，这三大系统之间，通过气、理、数、形等建立类比对应关系，并以此判断三者是否协调，为各式各样的状况提供了共同的准则要素，这不仅与六壬、太乙相似，也与下面要介绍的奇门遁甲完全一致。

与六壬式、太乙式相比，奇门遁甲的演局与预测要复杂得多。一般来说，大致需要经过定时、布局、演局与预测四个步骤。

奇门遁甲进行预测时，首先要将预测的时间和用事的时间（任何一件事物产生、发动的时间）的天干与地支选择正确。年、月、日、时的记录主要是查考现行通用的世界公历，或者中国的农历与干支历。在中国古代预测中主要使用干支历法。最简单的办法是查阅“日干推时干表”，例如，公历1991年、一月、十六日、零时；农历记为庚午（年）、己丑（月）、丙戌（日）、戊子（时），其戊子时的天干（戊），即是从上表中可以查考的。查定了年、月、日、时的八字，接着就进入布局。

布局首先要分清二至，即冬至和夏至这两个季节。然后确定用阳遁布局或阴遁布局。随后找出直符与直使，凡处在地盘的那一宫的星座，便是该时辰的直符。例如，阳遁一局辛丑时的旬头为甲午，甲午辛位处地盘的巽四宫中，这一宫的星座是天辅，因此天辅星就是阳遁一局辛丑的直符。又如时辰为丁亥，丁亥的旬头是甲申，甲申位处震三宫，震三宫为天冲星，于是阳遁一局丁亥时辰的直符是天冲星。直使即表示地盘八门中的某一门，如杜门为直使，休门为直使等。

确定了预测的事物的时辰、直符、直使，接下来便是旋转天盘，人盘与八诈门盘了，也就是所谓的演局了。怎样准确地旋转三盘，有俗语谓“直符随时干，直使随时宫”之说。简单地说，是指天盘直符对地盘时干之宫的方位，人盘直使对地盘之时支的方位，时干即六仪三奇，时支便是旬头之宫。如阳遁一局的丙寅时，丙寅局甲子旬，其时天盘直符是天蓬星，直使是人盘休门。丙寅时的时干为丙，于是将天盘天蓬星旋转到对着地盘丙奇所在的艮八宫。丙寅为甲子的第三个时辰，从甲子旬所在之坎一宫向后推，于是休门应该旋转到震三宫。又如阴遁九局的戊戌时，戊戌属于甲午旬，甲午辛在乾六宫，其时天盘直符是天心星，人盘直使是开门。这时就将天盘天心星旋转到对着地盘所在的离九宫，将开门旋转到对着地盘所在的坤二宫，这样天盘与人盘的旋转宣告结束，接下来的最后一步是旋转八诈门盘了。八诈门盘的旋转较天盘和人盘更为简单，如是遇阳遁局法则选用八诈门盘的阳面，阴遁局法则选用八诈门盘的阴面。旋转时将八诈门盘上的小直符旋转到对着天盘的直符，就可以了。

总之，奇门遁甲术预测程序是：先确定用事之时的天干地支，然后根据节气寻找出直符与直使，并按照一定规律旋转天盘、人盘及八诈门盘，使它们各自找到相应的方位，这时的时辰种种吉凶情况就在盘上显示出来。

为了进一步理解罗盘与局法之间的关系，现从阳遁一局局法进行分析：

阳遁一局局法：

甲子	冬至上	甲午	甲子	惊蛰上	甲午
己卯		己酉	己卯		己酉
己巳	清明中	己亥	己巳	立夏中	己亥
甲申		甲寅	甲申		甲寅

蓬直符
任使英日柱星
休直使

甲子：蓬一休一，子至辰阳宿凶干吉，生艮伏，景离伏。天六、地七、阴三、合四。生与月合八东北，时干坎时伏吟，遁甲开丙下有丙，刑德在门，客主不利，利以逃亡。

按：奇门遁甲术冬至后用阳遁，夏至后用阴遁，阳遁顺排六仪，逆布三奇，阴遁逆排六仪，顺布三奇，均在九宫图上操作，所以阳遁和阴遁各设九局。阳遁一局从地盘坎一宫起排六仪，阳遁二局从地盘坤二宫排六仪，余仿此，阴遁也与阳遁相同。阳遁一局九宫排列在地盘上的次序是：坎一宫天蓬休门（正北），坤二宫天芮死门（西南），震三宫天冲伤门（正东），巽四宫天辅杜门（东南），中五宫天禽死门寄坤二宫（中），乾六宫天心开门（西北），兑七宫天柱惊门（正西），艮八宫天任生门（东北），离九宫天英景门（正南）。六仪三奇排列是：戊一宫、己二宫、庚三宫、辛四宫、壬五宫、癸六宫、丁七宫、丙八宫、乙九宫。若在阳遁二局，六仪三奇排列则为：戊二宫、己三宫、庚四宫、辛五宫、壬六宫、癸七宫、丁八宫、丙九宫、乙一宫，其他亦仿此往复。阴遁局法基本相同，唯阴遁九局则从离九宫天英景门（正南）戊排起，依此类推。阳遁一局局法前的“冬至上”、“惊蛰上”、“清明中”、“立夏中”分别代表按节季起局，而前“甲子”、“己卯”等字指进神符头。六十甲子中，五日为一元、一局。甲子至戊辰五日为上元，己巳至癸酉五日为中元，甲戌至戊寅五日为下元；己卯至癸卯五日为上元，甲申至戊子五日为中元，乙丑至癸巳五日为下元；甲午至戊戌五日为上元，己亥至癸卯五日为中元，甲辰至戊申五日为下元；己酉至癸丑五日为上元，甲寅至戊午五日为中元，己未至癸亥五日为下元。上元头一日分别以甲子、己卯、甲午、己酉四个做神符头。清明立夏用中元，所以进神符头改为己巳、甲申、己亥、甲寅。其他亦可以此类推。

蓬直符与休直使：指天盘天蓬星为直符与人盘八门之一休门为直使。任使英日柱星，表示天任艮八宫的丙奇所在得使，天英离九宫为乙奇，即日奇所在，天柱兑七宫为丁奇，即星奇所在。

甲子：指时辰，甲子日甲子时，即夜半十一时至一时（二十三时至次日凌晨一时）。

蓬一体一：天蓬为直符与休门为直使同去坎一宫方位。

子至辰阳宿凶干吉：子时至辰时的甲子、乙丑、丙寅、丁卯、戊辰中的甲乙丙丁戊时干称五阳干吉，如子时为阳星天蓬所在则为凶。

生艮伏、景离伏、惊兑伏：在人盘与地盘上，将人盘直使休门对准地盘坎宫，因为甲子时泊在坎宫，八门皆伏吟，九星也伏吟，天盘、地盘、人盘静而未动，此为凶象。生门下临艮宫，仍在八宫，故称生艮伏。景门下离离宫，仍在九宫，故称景离伏。惊门下临兑宫，仍在七宫，故称惊兑伏。上述六伏吟，皆主凶。

天六、地七、阴三、合四：即指八诈门盘阳局直符对准天盘天蓬直符，这时便能看到八诈门盘上呈现出四吉方位：九天在六宫（西北），九地在七宫（正西），太阴在三宫（正东），六合在四宫（东南）。孙子兵法，藏于九地，动于九天，伏于太阴，逃于六合，就是指这四个方位。

生与月合八东北，时干坎时伏吟，遁甲开丙下有丙，刑德在门，客主不利，利以逃亡：综观全局，吉门人盘生门与月奇合于艮八宫，有天盘天任小吉星相助，方位东北，未得天诈吉门。时干甲在坎一宫伏吟，一宫门符皆伏吟，故凶。天盘六丙天任下临地盘六丙天任，丙自刑，处于这个方位客主不利，但有利躲藏、撤兵之类，所以说“客主不利，利于逃亡”。

需要说明的是：上述介绍、分析的只是阳遁一局的甲子时局法，此外还有阴遁一局的乙丑、丙寅、丁卯、戊辰等局法。每局也都有一定的程式，读者可以对照释文去理解与研究。

三 式占占测举隅

作为古代预测术的式占，它的演局终究不是预测术本身的最终目的，而是作为进行预测时的一种必要手段，它为预测提供判断各种事物吉凶的依据，为预测拟制了一个人为的固定模式，无论是已被证明的或未能得到验证的，一旦进入这个固定模式内，吉凶便可立见分晓。也正因此，式占的占法既是每一位爱好此术的人所急于探明的，也是那些企图在其中能够觅得自己的面影，而或多或少可得到某种启示的人们所感兴趣的。现将奇门遁甲术的不同门类的各种占测举隅如下：

占胜败

凡战阵以人盘景、惊二门主人。以直符所落之宫为主，以六庚所落之宫为客。直符宫克六庚宫主胜，六庚宫克直符宫客胜。如主方得景、惊二门或二门宫与主宫相生，则主胜。反之则客胜。如主客宫相生，两者必讲和。如六庚为直符，是主客同宫，表示主客两家不分胜负。

占升迁

占升迁之法，以人盘开、杜二门主之。文官看开门，武官看杜门。二门乘三奇再得旺相必升迁，太岁来生年命则受天子特旨。直符来生则有上司保举，如得门不得奇亦升，得奇不得门加衔不升。凡莅位既久，却未见超擢，也以开门占之。如开门加生旺宫，再得三奇合吉格，必升。

占婚姻

天盘乙奇为女方，六庚为男方，看各自落在哪一宫。如两宫生合，婚事可成；两宫相克相冲，婚事难成，成也难美满。乙宫带击刑，女性凶悍；庚宫带击刑，男性暴烈；与所落宫生合者，其性温良。八诈门盘中六合为媒人，六合生乙，媒人偏向女方，生庚，偏向男方。

占失盗

直使临玄武，或玄武克直使，或直使生玄武，都指被盗。玄武乘阳星（蓬、任、冲、辅、禽）为男贼，乘阴星（英、芮、杜、心）为女贼。玄武所临宫旺相，为青壮年贼，休囚为老年贼。玄武所临天盘六仪为上衣颜色，地盘六仪为裙裤颜色。如果为大贼，偷了很贵重的东西或作案方式猖獗，当以天蓬星为盗贼决之。占失盗，以勾陈为捕盗之人，杜门为捕盗方位。如果勾陈所落之宫，克天蓬、玄武所落之宫，贼可抓住；相反的是天蓬、玄武所落之宫克勾陈所落之宫，就是贼势猖狂，捕盗者不宜下手。如果勾陈宫与蓬玄宫比和，说明捕盗者与盗者相勾结。勾陈与天蓬同宫，作案者便是破案者本身。至于抓住贼的时间，就以天盘为庚的那一宫去断，所临地盘为年干构成岁格，年内可以破案；所临地盘为月干，构成月格，本月可以破案；地盘为日干，构成日格，本日即可破案；地盘为时干，构成时格，即时便可破案。如果不构成此四格，则难以破案。如这四格均与杜门合，破案则马到功成。

占访友

天盘代表主（我），地盘代表客（他）。天地二盘相比和，必见。若再得奇门吉格及天地二盘所得之干相合者，必有盛情款待。若相克制，主方生猜忌之心而不见访者，如临星干入墓，主方不愿见访者，地盘之星落空亡者，彼实不在家。

占出行水陆吉凶

以休、景二门所乘之宫，分为水路和旱路。休门落宫今天地二盘，并有三奇相乘者水路吉。景门有三奇临则旱路吉，乘船则有险。青龙逃走、白虎猖狂等凶格主风暴，螣蛇夭矫主凶灾，朱雀投江主沉溺。又以伤门为船，伤加休上行船顺利。景门为旱路，又以伤门为马或车，忌太白入荧，主盗；荧入太白，主火惊；天蓬、玄武主失盗。水路忌惊门来克，将损船。休加景，泥泞难行，如二门均入墓，则桥梁、关隘难于通行。

占疾病

以天芮星为疾病，要判断是什么病，主要依据天芮星所落之宫。一般有两种途径，一个途径是洛书九宫之法，如离宫代表头部，坤宫代表右耳右肩，巽宫代表左耳左肩，兑宫代表右肋，震宫代表左肋，乾宫代表右腿右脚，艮宫代表左腿左脚，坎宫代表阴部。天芮星落在哪一宫，可断为相应的部位有病情。第二个途径是八卦的人体取象，乾为首，坤为腹，坎为耳，离为目，震为足，巽为股，艮为手，兑为口，断法与上述相同。还有一个途径，即通过八卦五行属性与脏腑五行所属的联系，天芮星落入哪一宫，即断为相应脏腑及其经脉之病，如离宫为心为火症，坤宫为胃为蛊胀，兑宫为肺为痰喘，乾宫为大肠为疮痛，坎宫为肾膀胱为泄淋疝气，艮为脾为虚肿，震宫为胆为血虚惊悸，巽宫为肝为中风。断病时据节气时令看天芮星所落宫天干来定病的寒热虚实。如占病的发展趋势，亦以天芮星所落之宫来判断。天芮得生门者生，得死门者死。天芮星属土，落乾、兑二宫，土生金，病难治。落离宫，离火生土，落中五也为土，其病缠绵难愈。落坤、艮宫亦然。落坎宫休囚，病虽不能很快好，但终归可以痊愈。落震、巽二宫，病受宫克，不药而愈。判病还可看病人生日天干的衰旺。病人若生日之干休囚，不得奇门，又遇凶格，是大凶之象。天芮星所落之宫乘凶神凶格，病人生日之干即使旺相，年命却被天芮冲克，也为大凶。天芮落宫废没之日，其病必愈。另可看天芮落宫的十干，若能克干之月日，为病愈之期。

占求财

以甲子戊为财神，生门为财方，看二宫天盘落于何宫，以二宫生克比合，验其得失。天盘甲子戊与生门落于坎、艮、震、巽四宫，阳遁为内为近，又为速，再得奇门吉格者，得财必多。若得门不得奇，或得奇不得门，得财少许。奇门俱不得，不落空亡墓绝，不受地盘克制，得之必少。或甲子戊与生门落于一内一外，得财必迟。二宫俱在外，必得千里之财。二宫落空亡返吟墓绝，再有凶神凶格相并者，不得财，反遭是非之祸。

占贸易

以甲子戊为资本，生门为利息，生门所落之宫得奇门吉格来生甲子戊之落宫者，必获倍利。二宫比和者，亦得中利。生门来克甲子戊之落宫，再乘凶神凶格者，必折本。甲子戊之落宫生门之宫，主加添资本，仍得利息。生门落墓绝之地，再有凶神凶格相乘者，必耗尽资本，主大凶。

占脱货求财

以日干落宫为货主，时干落宫为货物，以甲子戊落宫为资本，生门落宫为利息。若日干落宫生时干所落之宫，主人恋货不肯脱。若时干落宫生日干所落之宫，主货恋人亦不能脱。再看时干之落宫生甲子戊与生门之落宫者，有利息，反此无利。倘时干落宫乘凶神凶格来冲克日干宫者，主折耗。唯日干落宫克时干落宫，虽欲急脱售之，必迟。若时干落宫克日干之落宫，售之必速。

占攻城

以六庚为进攻者，以天禽星为守城者。如六庚乘旺相得开门加中五宫，城门必被进攻者攻破。如地盘天禽所乘之宫得旺相及吉门者，其守城将领能脱危险，反之亦被追杀。如天禽宫得休、生、开、景四门，又有旺相六丙，其城定能固守。如以时干为客，时支为主，须要看时支的相克关系。时支宫被直符所落之宫克制，而这时的时支又乘六庚玄武，城池不当固守。又或直使宫被下所克制，更应弃城逃遁。

占敌情

占敌情，先分清界限。冬至后以坎、艮、震、巽四宫为内，离、坤、兑、乾四宫为外，六庚落外界，代表未发现敌情；六庚落宫被克，则代表安营扎寨不稳定，往往自惊先退。六庚能克所落之宫，又逢玄武、天蓬、白虎之神，一定能获四胜。庚得九天，必大张声势，鸣鼓而进。庚得九地。应偃旗息鼓而来，敌兵已压境。占敌兵何时撤去，看六庚在内四宫表示不会自动撤离。如在外四宫，一定会离去。总之，以六庚的地盘年、月、日、时为判断来去之期。

占考试

以直符为主考教师，月干为副主考教师，天乙朱雀为教务官，景门丁奇为试卷，日干为学生。直符落宫生日干之宫及景门丁奇之落宫，并合吉格者，必高中。月干来生者亦然。朱雀来生景门丁奇，教务官力荐。丁奇景门落宫克直符月干之宫，试卷虽佳，主考不喜。克朱雀之落宫者，无人推荐。乘凶格者，文意差池。空亡入墓，必犯帖出。乘玄武必不中。日干落空亡之宫得直符月干来生者，文章虽佳，榜上无名。试完见天驿二马及太冲星者，不必候榜。

占避难

其法专以杜门决之，看其落于哪个方位，即于其方避之。再看所乘之干是何干，若见戊，即为贵人潜避。若杜门乘三奇，则去无阻隔，大吉。若见庚，须抱木而行，可免凶灾。见辛为天狱，见壬为地牢，均必不能逃脱。若杜门落地盘，癸为天网，格在坎坤二宫，可用三四尺木压之而逃。在乾兑二宫，可匍匐而过之。在艮离二宫，网高八九尺，可挺身而行。若同震巽二宫，天网盈门，终不能逃。若同乾兑二宫，木被金克，虽逃遁后亦拿获。若有三奇吉格落日干之宫者，可以营救。

占墓地

凡坟墓之地，死者居之。吉则招福，凶则招祸。盖先人之灵魂守黄泉之下，安则子孙兴旺，不安则子孙败亡。如未葬之先占之，其法看死门并天地二盘之星以决之。以死门落宫地盘之星为死者，死门天盘之星为生人。死门落宫乘三奇而与地盘之星相生旺相不相克制，主死者安。地盘之星生天盘之星，天盘之星得三奇者，主存亡俱安吉，后主兴旺。或死门落宫与地盘之星相克，主存亡俱不安。地盘之星克天盘之星不得奇门护持者，亦存亡俱凶。

占雨有无

以天禽为主宰之神，天柱为雨师，天蓬为水神，天辅为风伯，天冲为雷神，天英为电光，甲辰壬为龙神。以离为天，甲辰壬临离宫，看何星乘之。天禽乘，细雨遍桑田。天冲乘，有雷雨。天辅乘，雨中有风。天英乘，雨有中电。天芮乘，主暴雨。天柱乘，有七日小雨。天任乘，雨在山。天蓬乘，为水运于上，火运于下。再临地盘甲寅癸，主绵绵细雨不断。总之，以地盘相乘甲寅癸者，主大雨。地盘庚干复以月将加正时，则雨中有冰雹伤禾稼。若甲辰壬落乾坤艮巽宫，主密云不雨，若水神落宫而值地盘荧惑朱雀，则久旱不雨。不可祈祷，强祈祷，必要灾殃。

占人命运

占人的命运及亲属时，以地盘年干为父母，月干为兄弟，日干为本人，时干为子女。男占，乙奇丁奇所落之宫为妻；女占，六庚所落之宫为夫。旺相得奇，富贵运好。囚休无奇门，贫贱命运不佳。天盘六庚临乾宫，父早亡；临坤宫，母早亡。天盘六庚临官鬼、兄弟（以地盘天干比照日干推之），即与兄弟、姐妹关系不好。六庚临时干，子女少而难养。生门得奇，产业丰足。生门天盘为六庚，背井离乡。生门在离、坤、兑、乾，而日干在坎、艮、震、巽，必须迁居，才能富裕起来。生门在坎、艮、震、巽，日干在离、坤、兑、乾，祖业丰贵。生门、日干都在坎、艮、震、巽，主一生安享富厚；都在离、坤、兑、乾，必须到外地去闯荡才有所成。月辰空白，少年时缺少依靠。日辰为空亡之对冲，年老孤单。日干临墓绝之宫，一生不得志。日干之宫得飞鸟跌穴、青龙反首等吉格，表明能福星高照，命运亨通。

占人寿数

古人占测人的寿数，以九十岁为标准，并与九宫相配，每一宫代表十年。预测时，看天盘天冲星与人盘死门之间所相距的宫数多少和远近来测定人的寿数。被占测者先将自身的“八字”

输入局盘中，并将减去目前的年龄数，以所得到的剩余的宫的岁数来作判断。同时还须注意数时方向，按阳遁顺数、阴遁逆数的法则，在九宫中，阳遁从小数到大数顺数，阴遁则从大数到小数逆数。如被占测的人年龄已到三十岁，而得到的两宫相数相距的宫数为四，这种情况，先减去三十年，寿数则还剩十年。如遇天冲星逢五行旺相之时，预示此人一生顺利。如逢休囚废没之时，则常常会碰到坎坷。

占失财物

古人在预测丢失财物时，一般以局盘中符合周易八卦之象的分类为代表失物丢财所落的地盘，此宫的顶盘方位如得到玄武星座，预示为被人盗走；不见玄武星座，则表示自己不慎丢失。又看失物时辰是否在六十甲子表中的空亡位置。如属落空亡，则不论是遗忘、丢失或失窃都无希望找回。又以失物的时辰所落的宫来看，或者是在内四宫的范围，则表示财物丢失在较远的地方了。可以地盘宫分别定其所属八卦的方向，地盘上的干支来看丢失或找回的日期。如果是失窃，看玄武所在方位的天盘星，如为阳星系男资，如为阴星系女盗。有旺相气为少壮之人，无旺相气则为老人所为。

占降调

开门受克，文职官员降调；杜门受克，武职官员降调。返吟代表将要调离现任，如入空亡，将带来革职的处分。太岁来克，必为上司所厌。直符来克，上司参劾。月干来克，同事参奏。如见玄武则为盗案，白虎为命案，朱雀为印信，螣蛇黑误，太阴指罢官，六合、勾陈为贪酷。若开、杜二门乘旺相相生之宫或得三奇吉格，虽招人诽谤，亦不受损害。

占何方任职

以天盘开门之落宫进行预测。开门落于内四宫，任职将在附近；落于外四宫，出任边远地区。阳遁自坎至巽为内，自离至乾为外。阴遁则反之。再以地盘所带之干支分配九州。甲在齐地，乙在东夷，丙在楚地与吴越之间，寅在燕地，卯在宋地，辰在郑地、邯郸，巳在楚，午在周，未在秦地，申在晋，酉在赵地，戌鲁亥卫。如见玄武，则民间多盗。如见白虎，则争斗风气浓厚；朱雀为民刁讼；螣蛇表示异怪颇多；太阴主奸淫；天乙、青龙、六合为礼义敦朴之俗；勾陈多争田土之争。

占现任官员贤劣及何处人

以开门为官星，九星为心性，天干为分野。如开门上乘吉星为好人，凶星则为恶人。天辅心性文雅，天任仁慈，天心心善正直，天禽忠厚，天冲风厉，天英轰烈，天芮贪酷，天柱奸宄，天蓬大恶。甲为蛮，乙为海，外及东夷，丙楚丁岱江淮南，戊己韩魏中州河济，庚秦辛晋，壬燕赵，癸为常山。

占谒贵

现任之官，以天盘开门落宫主之未任致仕。官以天盘甲子戊主之，以日干代表求谒之人，开门甲子戊乘旺相气，再得奇门吉格来生日干落宫者，求谒必见，见且有益，所求如意。开门甲子戊与日干比和者，但求谒主少迟。开门甲子戊同宫者，主人有客，宜稍等待。若开门甲子戊受克制，贵多忧事而被拒绝，如勉强见之亦无益。开门甲子戊落宫来冲克日干之宫者，主贵人不喜，枉惹羞辱。如须求谒武官官，看杜门亦仿此。

占迁移吉凶

以九星及九宫分方向而定可否。如此方上有三奇吉门，再时得天禽四季，皆大吉。如得天辅春夏大利。天心秋冬亦大利。其余众星皆不宜迁移。各以来时占看何星为天乙定之。一般按照其人来之时开始预测。

占行人在外吉凶

预测人在外吉凶，是以行人年命日干来判断。年命日干落在坎艮震巽阳遁为内为近，若落在离坤兑乾为外为远。年命落在四维者表示更远，若落在坤艮者表示极远。阳遁以离坤兑乾为内为近，坎艮震巽为外为远，合而决之。年命落于四正者不甚远。年命日干落于休废，其行人在外一定不很如意，非受贫困之累，则有病在身。若年命日干落于墓库空亡之宫，再乘之以死绝之气，其行人必不在。若年命日干乘旺相吉格，其行人在外一定功成名就。

占借贷

其预测方法，以天盘之所得星为求借之人，又以天盘之星所落地盘之星为借贷之家。若地盘之星生天盘之星，定得借。比和者，借主迟疑。相克，则主不愿借，反惹羞辱。若天盘所得之干入地盘墓者，主吝啬不肯借。如临空亡宫，主无货，不必去借。此预测还可以直符为物主，天乙为往借之人，然后各以所落宫分生克论之。直符宫生天乙宫，天乙宫克直符宫，借之必得。直符克天乙，天乙生直符，欲借则不得。

占放债

预测方法，是以六甲直符为放债之人，直符下临之星为天乙，亦即借债之人。若地盘之星乘旺相之气生天盘之星，借债必偿还。乘凶格克天盘之星，必不偿还。落空亡者，主死负债。乘墓绝，则耍赖不认帐。

占讨债

以天乙所落之宫为欠债之人，以勾陈落宫为讨欠之人。勾陈落宫克天乙落宫，其人正心去讨。天乙落宫克勾陈落宫，所使之人，畏彼不敢讨。勾陈与天乙相生比和,彼此通同不讨。勾陈被天乙生，表示嘱托有贿赂，使之人往往不愿去讨。天乙落宫得旺相气来生直符者，借主肯定能偿还。若天乙落空来生直符者，有心而力未逮。天乙落宫克制直符宫者，安心不偿还，去讨无功而返。

占请医

其法以天心星为医生，又以乙奇所落之宫，乘奇门吉格者为良医。二神乘旺相之宫，不逢奇门吉格者，为一般医师。不得旺相气及奇门吉格者为庸医。不论良医或庸医，但能克天芮病神之宫者，医必有功。若病神落空克二神落宫，虽良医不能治也。

占走失

其法以时干为走失人，六合为逃亡之物，两者均以落宫判断。又以六合宫与时干宫看，在内外以分远近。如日干六合具体在内，容易寻找走失人或逃亡之物，如具在外，则不易找。若时干在外，六合在内，易找；六合在外，时干在内，难寻觅。又以六合所在之宫为方向，如得旺相之星，又乘开、休、生、杜四门，不可得，反此可得。乘九地太阴，则表示有人潜藏。乘九天远走玄武，被人盗去。螣蛇有人盘诘羁縻，朱雀有信，勾陈有勾引而去。再看六庚，作年格年获，月格月获，日格日获，时格时获。

占小孩走失何方

占测小孩走失何方，以阳遁天盘六合所在表示走失之方，并以阴遁地盘六合所在之宫判断之。若失女婢，阳遁于天盘太阴所在之方，并以阴遁地盘太阴之宫判断之。看此二神，即知其所在之方矣。又看二神在坎艮震巽四宫，阳遁为内为近，落离坤兑乾四宫，为外为远，阴遁相反，若二神落日干墓库之宫，远近难寻。落空亡者，其人又往他方，再以干合神之宫寻之，必获。

占兴讼

古人怕见官，也怕入官，更害怕兴讼。因为这三事都不给人带来好事情。兴讼，即俗语“打官司”的意思。在预测这桩“官司”结局如何，以局盘中的奇子丁代表朱雀星座为讼神，如朱雀星座落在布有阳干的地盘宫上，再加让这个宫与“庚”相冲，即正对面的宫中有庚，又或者这朱雀星座，恰逢人盘的景门，这就预示这场官司在所难免终究要发生。如朱雀星坐落于阴干之宫，则官司能消除。在预测兴讼时，必然还会涉及状词。一般以景门朱雀为状词，开门为官长。如景、惊两门乘旺相气再有三奇吉格，表示情词恳切。不被开门冲克者，必准。景、惊两门不得奇仪吉格，并再与开门冲克者，表示主官嗔怒，不准而反招罪责。若景、惊两门入墓，表示情词不明，不准。景惊两门落空亡，表示凭空捏词，不准。开门入墓入落空亡者，表示主官不动情，不准。

占雀噪

以朱雀为主，看朱雀所临何喜门，以判断吉凶。如开门得奇，表示有亲朋好友将至，或行人远道而归，或有宴请。休门得奇，表示有喜事喜讯及婚姻之事。生门得奇，表示能获回财物或猪畜之事。若不得三门及门迫奇墓，表示雀噪不有任何征兆。再看景门，如临吉格，则喜事将至，如临凶格，则有凶讯或恼火之事发生。

占胎息男女及孕何日生

预测所怀胎儿男女，以坤宫天芮星为母，以天盘星临坤之星为胎儿。阳星为男胎，阴星为女胎，惟天禽临坤为双生。阳干是男，阴干是女。以坤宫为产室，天芮为产妇，天盘所得之星为小儿。天芮克天盘之星者，表示速产。天盘星生地盘星及天芮者，子恋母腹，产迟。天盘星克地盘星者，表示母凶。地盘星克天盘星者，表示子亡。若得旺相气及奇门吉格者，方吉。如天盘星落地盘墓库，子死母腹，天地二盘乘凶门凶格，表示子母俱凶。

占河水消涨

其法以天蓬休门来预测。休门乘旺相气而得三奇者，表示水虽涨，不至泛滥成祸。休门乘旺相气而值庚格，表示河水壅塞而涨。再有甲辰壬带螣蛇，表示孽龙舞水为害。休门落于二五八宫，水被土克，表示无水。休门不乘庚格与甲辰壬者，水虽旺，不出岸。

占布种五谷与何方丰歉

以九星所乘之门类推。乘旺相而得三奇吉门者吉，以开门天心为麦田，伤门天冲为稻谷，杜门天辅为黍稷，又为棉花，景门天英为高粱，休门天蓬为豆田，死门天芮为荞麦，又为蒜。各门各星乘旺相带三奇，丰收。得旺气不得三奇吉格者，薄收。九星内有被克或值凶亡入墓而得凶格，歉收不必种。预测何方丰歉，其方法是以立春时刻，以九宫配九州，得奇门之方丰收。得门不得奇，得奇不得门，表示平收。门奇俱为不得，而落于空亡者，表示歉收，见水则淹没，见火则亢旱，见木暴风折耗，见金则冰雹兵戈之凶。坎为齐地，艮为燕地，震为宋地，巽为吴地，离为楚，坤为秦，兑为赵，乾为鲁、卫，中宫为周郑。

占何人为盗

其法以玄武落宫推算。玄武在乾宫，代表穿白衣的年龄长者为盗。在坎宫，系一般小偷。在艮宫，表示赤脚白衣小儿为盗。在震宫，青衣身瘦之人或把门之人为盗。在巽宫，为花衣身长者。在离宫，肥胖高大之人为盗。在坤宫，黑衣孤独粗短肤色黑者为盗。在兑宫，身材小巧又好音乐之人为盗。玄武在中宫，为本家人中为盗。如落空亡，则百寻不得。

占物盗去所藏之处

预测被盗之物藏于何处，以盗辰生之处，即为藏物之所。若玄武乘天蓬者，藏于西南老妇人家。乘芮禽任星者，藏西南亲族之家或时常有鼓声之家。乘冲辅，藏西北楼阁之处或近水阴厕之处。乘英星，藏于东北炉治之处或高堆石沙之处，在灰炉石压土埋之处。乘柱心，藏于花园囿圃之处，或东南窑灶之处。

占当兵可当否

以伤门落宫并日干落宫合而进行判断。若伤门落宫得三奇而生日干落宫，表示当兵有益。日干落宫乘旺相气，再有三奇得伤、杜二门比和者，表示当兵后能升官。日干落宫不得三奇而与伤、杜二门比和者，表示一般当兵。若日干落宫不得旺相三奇，再被伤、杜二门克制，当兵无益。若天冲星乘旺相气来生年命日干落宫，则当兵不能得良马。若天冲落宫不得旺相气来生年命日干落宫，当兵虽能得马，但必定是劣马。若有庚格空亡者，表示不得任何马。

占求地得否吉否

以死门并日干所落之宫合而判断，若死门落宫生日干落宫，其地必得，如克日干则不得。预测所得之地吉凶，主要按照死门有奇无奇，有奇则表示吉，无奇则表示凶。如死门伏吟，其地必系古坟，不可用。

占幕馆

其法以天辅为求幕馆之人，以甲子戊开门为官长。若开门乘吉格来生天辅之宫，表示有显官来聘。若仅得甲子戊开门生天辅之宫无吉格，表示有显贵之人推荐。若开门不乘旺相三奇，表示低职官员来聘。相比和者，被荐人与荐者情投意合。克制反吟者，表示主宾关系紧张。若天辅入墓，幕宾皆凶。开门入墓东，主凶。落空亡者，终不得幕馆。

占应役与退役

以开门为现任官员，以日干为应役之人。若日干所乘之宫得旺相气，再得奇门吉格，而开门所乘之宫又得奇仪吉格来生日干，必能得到上司重用而青云直上。若日干不得旺相格，而又为开门所生，则表示小有裨益。若日干、开门之间互相冲克，则明显不利。若开门生日干，则上司有挽留之意。克日干，虽允许退役，但可能由此得罪上司。若日干乘青龙逃走，荧入白，必定退役。若乘白入荧虎猖狂，不可退役。蛇夭矫，表示退役之人惊恐。再见凶格式遇朱雀投江，则表示应该赶快退役，以免有不测之事发生。

占岁考等第

其法以天辅星为试官，日干为试子，丁奇为文章。若天辅来生丁奇及年命日干，再合奇仪吉格乘三吉门者，上吉，表示考第一名。若丁奇年命日干落景门者，表示考第二名。得奇不得门或得门不得奇，或与天辅比和者，表示考第三名。如丁奇落空亡之宫，年命日干再乘凶神凶格，表示考第四名。倘若被天辅来克，表示考试劣等。

不难看出，上述种种占测无疑是充满了唯心论的先验论及宿命论的色彩，但因为根据长期积累的经验，有时的占测也会是准确的。就像气象学家从风云变幻的气候中预报天气一样，又由于式占本身具有古代天文学知识，所以迷信和科学竟然携手并行，而迷信往往凭借某些科学原理而得以流传。也正因此，有必要弄清式占与古科学之间的关系。

第四章　式占与科学

式占的罗盘是由八卦、九星、八门等组成，依靠年月日时的天干地支，按照局法在罗盘旋转的过程中表示了人、天地、事物之间错综复杂的关系，并依据固定搭配的模式、晦涩难懂的语言结构推算古代人们崇尚的所谓吉日吉时和最佳方位。同时，作为中国古代方术体系的特殊门类，式占与古代占星术既有相似的表现形式，更有相通的基本理论，二者都是利用图、盘来进行预测，因此，在介绍了式占之后，有必要再谈谈式占与古代的占星术的关系。

一　式占与古代占星术

占星术，也是预测术，它是利用星命天官图，按人的生辰八字，即一个人的出生时黄道星座、行星和某些恒星所占的位置来预测人的寿命、福运和体相。星命天官图即由地支、星宫、二十八宿等组成。在中国古代，占星术与天文学是同一个概念，如《史记》中的《天官书》，又如甘德的《天文星占》、石申的《天文》等，可视为古人观察天体的最早记录。然而作为一种讲灾异的学说，占星术在中国史书上早有记载，如《左传》：

昭公十七年冬，有星孛于大辰，西及汉。申须曰："彗，所以除旧布新也。天事恒象，今除于火，火出必布焉，诸侯其有火灾乎!"梓慎曰："往年吾见之，是其征也。火出而见，今兹火出而章，必火入而伏，其居火也久矣，其与不然乎!火出，于夏为三月，于商为四月，于周为五月。夏数得天，若火作，其四国当之，在宋、卫、陈、郑乎!宋，大辰之虚也，陈，太皞之虚也；郑，祝融之虚也，皆火房也。星孛及汉，汉，水祥也。卫，颛顼之虚也，故为帝丘，其星为大水，水，火之牡也。其以丙子若壬午作乎!水火所以合也，若火入而伏，必以壬午，不过其见之月。"十八年夏五月，火始昏见。丙子，风。梓慎曰："是谓融风，火之始也；七日，其火作乎!"戊寅，风甚。壬午，大甚。宋、卫、陈、郑皆火。梓慎登大庭氏之库以望之，曰："宋、卫、陈、郑也。"数日皆来告火。

《左传》记载的虽是属于占星纪事一类，但所说的内容却通过了申须、梓慎的讨论火灾，强调了人事。不过，古代占星术一般都以讲灾异为主，天上星象的异常变化是一种灾异，它能引起地上人间的种种灾殃，也是一种灾异。

至于利用占星术预测个人的命运则始于魏晋，如《晋书·戴洋传》记载了这样一个故事：

戴洋，字国流，吴兴长城人也，为人短陋，无风望，然好道术，妙能占候卜数。杨州刺史尝问吉凶于洋，答曰："荧惑入南斗，八月有暴水，九月当有客军而南来。"如期果大水，而石冰作乱。冰既据扬州，洋谓人曰："视贼云气，四月当破。"果如其言。

又同传：

南中郎将桓宣以洋为参军，将随宣往襄阳，太尉陶侃留之住武昌。时侃谋北伐，洋曰："前年十一月荧惑守胃、昴，至今年四月，积五百余日。昴，赵之分野，石勒遂死。荧惑以七月退，从毕右顺行入黄道，未及天关，以八月二十二日复逆行还钩，绕毕向昴。昴毕为边兵，主胡夷，故置天弓以射之。荧惑逆行，司无德之国，石勒死是也。勒之余烬，以自残害。今年官与太岁、太阴三合癸巳。癸为北方，北方当受灾。岁、镇二星共合翼轸，从子及巳，徘徊六年。荆楚之分，岁、镇所守，其下国昌，岂非功德之征。今年六月，镇星前角、亢。角、亢，郑之分。岁星移入房，太白在心。心、房，宋分。顺之者昌，逆之者亡。石季龙若兴兵东南，此其死会也。官若应天伐刑，径据宋、郑，则无敌矣。若天与不取，反受其咎。"侃志在中原，闻而大喜。会病笃，不果行。

图 67　陶侃

这里且不管戴洋劝说陶侃北伐是否应验，或者说是看到陶侃日思北伐而终至病倒的同情心理，但戴洋所借以作为预测的却是占星术。而在上二例中都与太白星的出现有关。太白金星在占星术中是很受重视的一颗星。它的主要内容与兵事有着密切的联系。其中包括根据太白星象，如运行、出没、方位、星色、大小等因素，来预测和指导人间军事活动的变化和实行。如关于军事形势的判断、军事力量（将、兵等各种因素）的估计、作战时机的选择、作战方式、方向、地区的选择、敌我双方政治与军事的关系的判断，乃至战争胜负、结局的判断，等等。在占星术中，均可在太白占里面找到相应的条文或解释。在上例中，我们还可了解到占星术不仅表现在纯军事学方面，还表现在对战争与民生关系的认识上。如有关天下兵起民乱，造成严重灾殃以及厌兵等思想。

其实占星术中的上述内容，与式占有着相通之处。如奇门遁甲中的九星七曜、六壬式中心圆盘、左周而行分为十二月，其星宿：正月营壁，二月奎娄，三月胃昴，四月毕觜参，五月井鬼，六月柳星，七月张翼轸，八月角亢，九月氐房，十月心尾箕，十一月斗牛，十二月女虚危等，都与天文星象有关。而遁甲术中的"太白入荧"、"荧入太白"，前者主敌方夜来偷营，我方宜于北方伏击；后者主敌方斗势旺盛，我方应退避其锋芒，也都与军事备战方面有关。那么为什么兵事在式占或古代占星术中都占有很大的比重呢？这正是中国历史上大量战乱给社会带来惨痛破坏，而在人们心中留下幻灭感受的曲折反映。人类的本性是爱好和平的。在历史上任何朝代的人们都希望天下太平，安居乐业，战争与杀戮是人们最为害怕的灾殃。式占与占星术把兵事列为灾殃之一，并寻求种种办法来缓解和阻止战争或争斗的发生，正适应了当时人们的普遍心理，人们对占星术或式占的推崇，把自己的理想愿望寄托于罗盘之上，都是这种心态的反映。然而仅仅依靠罗盘的旋转，是无法旋去这种必然会产生的破坏性极强的灾殃的。说到底这仍是人类自身造成的灾殃，而非天祸，寻求解决问题的根本办法，还是要由人类自身去探索去实行。

占星术的另一个重要内容是与封建君主专制统治密切相关，它与式占一样，是帝王之术。《旧唐书·李淳风传》有这样一则故事：

初，太宗之世有《秘记》云："唐三世之后，则女主武王代有天下。"太宗常密召淳风以访其事。淳风曰："臣据象推算，其兆已成。然其人已生，在陛下宫内，从今不逾三十年，当有天下，诛杀唐氏子孙歼尽。"帝曰："疑似者尽杀之，如何?"淳风曰："天之所命，必无禳避之理。王者不死，多恐枉及无辜。且据上象，今已成，复在宫内，已是陛下眷属。更三十年，又当衰老，老则仁慈，虽受终易姓，其于陛下子孙，或不甚损。今若杀之，即当复生，少壮严毒，杀之立仇。若如此，即杀戮陛下子孙，必无遗类。"太宗善其言而止。

这则故事是说，李淳风曾以占星术为唐太宗预测唐代初期流传武则天将代唐的传说，其中唐太宗与李淳风的对话，究竟是真是假也无法弄清楚了，但李淳风确是当时著名天文学家，联系天文学与占星术之间的关系，李淳风以占星术为唐太宗预测一事当有史可查，而李淳风本人在为《乙巳占》作序时亦表示："暨乎三王五霸，克念在兹，先后从顺，则鼎祚永隆。悖逆庸违，乃社稷颠覆。是非利害，岂不然矣。斯道实天地之宏网，帝王之壮事也。"占星术与式占在唐武则天时不但不提倡，还同列为禁书。当时因有善图谶遁甲学的綦连耀与刘思礼借此作为谋反的舆论，致使撰修《旧唐书》的史臣也言："近者綦连耀之构异端，苏玄明之犯宫禁，皆因占候，辅此奸凶。圣王禁星纬之书，良有以也。”

明初朱元璋为了防止别人颠覆其政权，除有规定世袭特权的人之外，不准任何人学习天文星象之学。因为有关帝王及国家命运的机密，一般占星官必须慎守其职，秘密不可泄漏于他人。为此便要严加限制他们的行动自由，不准与其他人交游来往。同时还指派有关官员严加察访，一经发现，便加以严厉惩处。所以占星术与式占一样都是宫廷秘术，不轻易外传。海外学者李约瑟在《中国科学技术史》中就指出：“中国的天文学家……和至尊的天子有着密切的关系，他们是政府官员之一，是依照礼仪供养在宫廷之内的。”“天文学是古代政教合一的帝王掌握的秘密知识。”

图68 李约瑟

占星术与式占一样，它的另一种表现为：天对人事的感应有先应（预应）和后应之分。如《开元占经》就记载了人间政失刑失信失而使辰星变异，这便是后应，即在人事先发生不正常之后，星象才发生感应。但这种后应，同时又成为先应（预应），因为在它之后，人间（或地上）又产生异变，如自然灾害或人间的战争频繁，这是一种先应。此外，还有一种预应，即星象之变异不是在某种人事之变之后，而是在人事无变之时，星象即现出异变现象，这便是纯粹的预应了。如《洪范五行传》说：“辰星出孟，易王之表时，汉高三年，辰星出四孟，后二年，汉灭楚也。”“辰星乱行，流水汤汤，兵革抢抢，使之不杀。”又如历史上的桓玄是晋代著名的政治家，倚其权势，企图废晋自立为皇帝，结果兵败被刘裕所杀。尽管桓玄皇帝没能当成，但仍是当时一位举足轻重的大人物。也正因此，《幽明录》记载了他是一颗流星投胎转生之事，其故事纯属怪诞不经，但也有一定的含义：流星是转瞬即逝之星，占星术中有时将流星视作贵人之事，而桓玄也正是这样一位在政治舞台上转瞬即逝的贵人。《幽明录》这样解释桓玄的出生缘由，正反映了当时人们对这位显赫一时的风云人物命运的奇特理解。他如东方朔为岁星下凡，非天子所能臣，而桓玄不过是一颗划破夜空的流星而已。且不说同为历史人物的东方朔与桓玄是否有可比性，也不说这两则故事已近似神话，然二者优劣的对比，正说明天人感应学说在古代人的心中占的比重。

图 69　东方朔

正是这种天人感应学说在占星术与式占中得到了具体而丰富的应用和发展。在天人复杂的感应关系中，可以看出天地之间的自然界的感应变化，如辰星异变引起自然灾害，被纳入天人关系的系统之中。这种自然界的关系，用现代自然科学的观点来看，是与人类无关的，甚至是荒诞的，然而中国古代思想却不把人类所生存的自然环境与人类本身绝然分割开来，这种天地人一体的系统观和整体观，虽然至今尚未被现代科学技术完全证实，但确实有其一定的合理性。当今世界的生态环境及气候的变化问题，已被认为与人类自身的生产和生活活动有着密切关系，那种把自然界与人类相互联系的认识，在现代社会仍有人认为两者之间有相通之处。1989 年 8 月 5 日《光明日报》第四版刊载了美国占星家以生辰八字预测人的性格特征的报道：

说来有趣，虽然美国声称已步入太空时代和电脑时代，但有种种迹象显示：一种古老的迷信占星术又一次在美国走红。全国几乎所有州都设立了占星术学会。在一年一度的年会上，道貌岸然的占星家们宣读论文，畅谈心得，交流经验，煞是有趣。前不久美国乐普尔民意测验中所作的一项调查还证实：愈来愈多（比以前增加了25%）的美国男女公民深信占星家根据某人的“生辰八字”确切推断出此人的“性格特征”，甚至预测出此人的“未来”。不过，与年俱增的占星家们似乎对他们取得的“成就”和“影响”并不满足。他们纷纷埋怨“不少人”仍对这门“深奥学问”不屑一顾，批评科学家们从不认真看待他们的“研究工作”。

为了让世人看清占星术究竟有没有科学性，芝加哥著名心理学家约翰·麦克格雷设计了一次试验。印第安那州占星家联盟马上“大无畏”地响应麦克格雷的“挑战”，并挑选了六名“最优秀”的占星家前去应战。

在试验中，麦克格雷邀来了23名志愿者，要求他们各自在一张卡片上用打字机打下自己的性格特征、兴趣爱好等（均经标准化测试核实无误），以及书面回答了占星家提出的一系列有关问题。然后再要求他们在另一张卡片上各自打下自己的生辰八字。最后，六位占星家各在一间密室里被依次序要求从二十三份的性格特征表、生辰八字表、肖像照片中按生辰找到性格表和照片。与此同时，麦克格雷还聘请了另外六位从未接受过“占星术训练”的普通人接受同样的“按生辰分类”任务。

测试结果，令占星家们大失所望。他们六人仅找对了五例，而另外六名普通人却“碰巧”找对了六例。

不过，虽然占星家们承认此次试验是“公正”的，但仍狡辩说是失败属“偶尔失手”。他们仍然固执地不肯认输。

《光明日报》的这一报道固然是让现代人警惕那些毫无科学根据的预测，但它从一个侧面表明，对占星术和式占的探讨，至今仍是一个世界性的论题。

总之，式占与古代占星术虽然在表现形式上有所差别，但它们同属中国历史上的方术体系，历史上的占星家也往往都是精通式占的，如张良、刘基等。他们都利用天上各种星象的变化来诠释人间种种的吉凶祸福。然而人间同样的灾殃，在式占与占星术中却有着许多不同的星象变化为其原因。另一方面，同一种星象变化，又可导致许多不同的灾殃。这两种一与多的不同因果关系，是否真有其必然的内在联系呢？式占与占星术对此未加以任何说明，似乎这是根本无关大局的问题。也正因此，式占与占星术在传统思维方式的支配下展开它的思维活动。它把天上种种星象变化与人间种种灾殃变化联系起来，并力图使之一一对应，用因果关系的链条将天人之事合为同一个系统。但它从未仔细思考过它的整套方法和理论的基本前提是否合理，即合乎客观真理。所以在不严密而且不真实的前提下演绎出来的体系的可靠性极差。《光明日报》所披露这一事实就是一例。另一方面，它们都在封建统治阶级的庇护下，成为少数人垄断和保密的官方具有神秘性质的政治工具，这就表明了它们的诠释系统的随意性和多义性，从而限制了其自身内在科学价值的实现。

当代著名科学家钱学森等人认为：运用现代系统科学的观点来看，人是一个巨系统，其复杂程度超过大系统。在系统科学中，特别是系统科学的基础科学中，我们讲系统，有小系统，有大系统，还有巨系统。人体系统就是一个巨系统，包含有很多层次，最高的层次是人的整体，这样的一个巨系统又是同周围的宇宙发生影响作用的，即它不是一个封闭的系统，而是一个开放的系统，处于整个宇宙之中，彼此相通。宇宙是个超巨系统，人体巨系统是在宇宙这个超巨系统中一个开放的、极其复杂的巨系统。如果我们用这样一种眼光去审视式占与占星术的某些神秘现象，也许能找出某些不易被人发现的科学原理。

二　式占中的若干科学因素

科学的黎明是从愚昧和迷信的黑暗中走出来的。式占从本质上讲是一种术数学，它在中国的民间社会风俗、民间宗教，乃至道教等文化人类学及社会历史学科中，必然有研究的价值，这自不待言。然而我们要探求的是式占整个诠释体系中是否存有科学或哲学上的真实内容，从而以科学的态度去对待这种普遍存在的社会文化现象。

英国学者李约瑟在《中国科学技术史》中指出：

正如所有的其他古代文明一样，中国过去也曾同样强烈地盛行过各种迷信活动，占卜、星命、堪舆、骨相、时日吉凶（特指奇门遁甲、六壬、太乙）的选择和鬼神传说等，是古代和中世纪一切中国思想家所共有的背景的一部分。科学史家不能简单地排斥这些理论和活动，因为它们使古代的宇宙概念得到了不少说明。

这说明任何一种历史文化现象都有其永恒的历史文化含义，尽管它同时也有多种其他层面的含义，甚至这些层面的含义比其历史文化含义的比例高或近乎全部，都不能因此而否定其固有的但价值低或近乎荒谬的那层含义。尤其是式占，它本身满含中国传统文化中富有神秘色彩和迷信意味的内容，但对曾给中国古代社会和文化造成负面大于正面的深刻影响的这层历史文化含义，却不能忽略而不顾，而这层含义也正是我们需要开拓的研究领域。仅就式占共同遵循的古代科学思想而言，大致有以下几个方面：

首先是阴阳互补的宇宙统一性原理。在式占体系中，整个宇宙都是一个阴阳互补的模型，其中大小事物，都呈阴阳互补结构。万事万物都有阴、阳之分，阴阳二者互为根本、相互制约和平衡，如奇门遁甲的《烟波钓叟歌》一开始就说“阴阳顺逆妙难穷”，而它所分阴遁九局和阳遁九局也正是奇门遁甲术体系中的互相制约和平衡，它体现了古代术士对阴阳互补的宇宙一体性原理的最初理解。

其次是天、地、人互相感应原理。在式占体系中，人作为一个小宇宙，和天、地的大宇宙相互交通。天体运行一和演化规律、物体运动的自然规律、人生历史的社会规律，这些规律在式占体系中是完全统一的，它认为一切自然现象、社会现象、人体生命现象都处在一个相互制约的网络之中，能相互感应。奇门遁甲术中的天、地、人之盘的旋转，正体现了这种相互感应的原理。

再次是《周易》的时空观和宇宙象数模型。宇是空间，宙是时间，古代术士将宇宙并称，以《周易》的体系组成时空坐标系，认为宇宙处于生生不息的“变易”之中，而其运动规律却是“简易”明了的。也就是所谓的“道生一，一生二，二生三，三生万物”，“无极而太极，太极生两仪，两仪生四象，四象生八卦，八卦相重为六十四卦、三百八十四爻，以类万物之情”来解释宇宙生成和演化图景，并试图用太极、阴阳、三才、四象、五行、六爻、八卦、九宫、十干、十二支、二十四节气、二十八宿等象数体系来构建宇宙的时空模式，模拟宇宙万物的演变规律。式占吸收了《周易》的时空观念，并以太极、阴阳、五行、河图、洛书、八卦、九宫创建自己的模型框架，以天干、地支组成的时空坐标作为预测的根据，并以此作为预测重大事件的征兆。

式占体系中所包含的上述三点，就科学思想来说，我们也无法否认阴阳五行学说、天人感应原理及古代天文律历知识和干支纪时法都包含着真实的科学内容，问题在于利用这些科学思想进行术数预测活动是否具有科学性。我们知道，预测学本身是人类的追求和社会的需要，人脑有预知的能力以及事物可以传递超前信息，也是当代科学正在研究的课题。式占以阴阳五行为主的那套推理过程，究竟有多少科学性，有没有发展和完善的价值，这至少还有待于现代电子计算机技术进行统计和验证。然而式占所呈现的上述三种文化含义，也正是式占中所具备的科学因素。

三　欺骗的科学与科学的欺骗

式占无疑是一种欺骗行为，这已经为一切相信科学的人所公认。但是，当我们将这种欺骗术置于科学领域中来加以研究时，我们就会发现：式占既是一种欺骗的科学，同时也是一种科学的欺骗。

图70　马林诺夫斯基

所谓欺骗的科学，就是伪科学或非科学。英国人类学家马林诺夫斯基认为："无论怎样原始的民族，都有宗教与巫术、科学态度与科学。通常虽都相信原始民族缺乏科学态度与科学，然而一切原始社会，凡经可靠而胜任的观察者所研究过的，都是显然地具有两种领域：一种是神圣的领域或巫术与宗教的领域，一种是世俗的领域或科学的领域。"式占从本质上讲自然是归属于"神圣的领域或巫术与宗教的领域"之中。式占既是一种巫术行为，也是原始宗教的表现形式。

在古代，人们对于复杂纷纭的社会前景和变幻莫测的人生命运，在自力难以掌握的时候，他们相信某种超自然力量能帮助他们趋吉避凶，实现自己难以实现的目的和愿望。这种渴望预知的心理，无论是对于具有不同文化传统的西方人或东方人、蒙昧的古代初民或科学昌明的现代人、受过高等教育的学者或无知愚夫，实际上并没有什么不同。而科学则恰与此相反，科学的基本特点，在于它是从物质本身去说明物质，从自然本身去说明自然，从社会本身去说明社会。科学不承认有任何超物质、超自然、超社会的东西存在。所以作为预测术的式占是一种伪科学或非科学的。关于这一点，中国的古代学者早有批评，战国时荀子说：“如果求雨而得雨，那是为什么呢？我回答说，那根本就没有道理；如果他们不求雨，他们也会得到雨的。”

东汉王充则予以反复论证：

凡人在世，不能不做事，做事之后，不能不有吉凶。见吉，则指以为前时择日之福；见凶，则刺以为往者触忌之祸。多或择日而得祸，触忌而得福。工伎射事者欲遂其术，见祸忌而不言，闻福匿而不达，积祸以惊不慎，列福以勉畏时。故世人无愚智贤不肖，人君布衣，皆畏惧信向，不敢抵犯，归之久远，莫能分明，以为天地之书，贤圣之术也。人君惜其官，人民爱其身，相随信之，不复狐疑。故人君兴事，工伎满阁；人民有为，触伤问时，奸书伪文，由此滋生。巧惠生意，作知求利，惊惑愚暗，渔富偷贫，愈非古法度圣人之至意也。

王充认为：凡是生活在世界上的，为了谋生不可能不工作，在工作中自然会遇到吉凶祸福一类事情发生，当不吉利的事降临时，就以为是过去未曾选择吉日而触犯禁忌造成的祸；一旦喜讯临门，则又以为这是选择了吉日的福气。但很多事情并非心想事成，如选择吉日而得到灾祸，选择禁忌的日子反而得到福报。从事推算吉凶日子、方位的术士，利用他们手中的罗盘，来达到他们骗人的目的，在罗盘上见到禁忌日子、避讳的事情，就对求占择日的人闭口不谈，而听到某些人因犯禁忌后得福的事也充耳不闻，专门从事收集因触犯禁忌而得到报应的例子，去恫吓那些不重视禁忌的人；列举许多择日时而得福的事例，去鼓动那些异惧岁、月禁忌的人。使人们相信遇事选择吉日良辰的重要性。所以世上无论愚人、智人、贤人、恶人、皇帝、百姓，都小心翼翼地遵守这样的信条，不敢有丝毫触犯。世人信服这套东西已经很久远了，没有人能弄清楚这是怎么回事。认为这些术数、方式、工具、书籍全是上古圣人所传下来的、是不能改变的。当官的害怕失去了头上的乌纱帽，当老百姓的又珍惜自己的生命，竟相信用这种方术算出的吉时吉辰，却从不怀疑其中的真真假假。当皇帝、官吏办事情，选择良辰吉日的方士便挤满了官衙；百姓有所行为，也打听时辰是否会给他们带来灾殃。这类书愈出愈多，这类方法愈来愈神秘，奸猾的人就生出坏主意，用自己的小聪明来求得大利益。恫吓迷惑愚昧无知的人，敲诈有钱的人，欺骗穷苦的人，这远非圣人造此术的目的。

王充的论述，通过从掌握式占预测方法的术士和被预测者的角度分析了骗人与被骗的思想与做法，从而认为式占这类择辰择日的方术是完全不可信的。

元末明初谢应芳在《辨惑论》中，对式占择方位和择时日的预测也进行过抨击：

方位，细事也。然庸巫谬卜。从而神之，禁忌百端，祈禳无已，甚为愚俗……时日，夫内事用柔日，外事用刚日者，圣人顺阴阳之理，初不以死生荣辱贫贱富贵之类，一皆系乎年月日时之吉凶而使人拘拘焉，择而用之。孟子曰：“天时不如地利，地利不如人和。”举一物而天下之物莫不皆然，亦尽乎人事而已，夫时日者何足泥哉!

王充、谢应芳对式占的批评也体现了古人对式占是否符合科学提出了质疑。当然由于人类文化发展的进程由低级阶段走向高级阶段，王充等人无法就式占本身的方法论来论证其缺乏科学，甚至还没有提出确切而又能使人信服的证据，但从本质上来看，式占的预测确实是一种欺骗的科学。

然而，当我们探讨到式占预测手段时，也会同时发现，在这欺骗的科学之中，确实也有许多科学的欺骗。

所谓科学的欺骗，就是指运用某些科学手段来达到某种有意或无意的欺骗。比如古代有些民族进行预测时，常有一些仪式，如在油锅里放些黄蜡，因为黄蜡的沸点较低，又浮在油的表面，当锅里的油被加热到一定温度时，浮在表层的黄蜡首先沸腾，造成油被烧开的假象，其实锅里的油此时尚未达到沸点，所以当作法者将手伸进油锅里捞取东西时，手不被烫伤。又如巫师以杀鸡祭神为名，将鸡血抹在刀刃上。常识告诉我们，鸡血凝固后是很坚硬的，当巫师赤足踩在刀刃上时，锋利的刀刃已被一层坚硬的鸡血封住，所以巫师的脚并没有被割破。这些都是已经被人们认识了的科学原理，所以被巫师用来有意识地欺骗。

类似的科学欺骗，在式占中也屡见不鲜。如奇门遁甲在作法时，经常伴有雷火烧身。古代人缺乏科学知识，认为打雷闪电便是天神发怒，非常恐惧，作法人便利用这种恐惧闪电的心理，从事欺骗活动。如某家出了不幸的事，便请术士去消灾，术士便要求消灾者跪在神坛前专心致志地祷告，术士本人则一边念动咒语，一边乘其不备将预先准备好的樟脑粉涂在祷告者身上，然后用点烧的香烛轻轻一碰，霎时便出现了团团大火围其身的所谓“雷火烧身”的景象。其实樟脑粉极易燃烧，爆发力强，持续时间又短暂，既不伤身毁肤，也不留下任何灼痕。不知道这种极简单科学原理的人，真以为是天神发怒，降火烧身了，术士正是利用这一点进行欺骗活动。

式占作为预测术，它的基本内容是以天文、历法学为基础的，它在中国古代一直被视为神圣不可侵犯的，而封建皇帝又每每将天文、星象的变化看作天意的启示和国运的预兆。同时行使这种预测术的特权也掌握在皇帝个人手中，为了统治需要，制造出种种看似科学实为欺骗的故事，如奇门遁甲中星象又有所谓的相王休死囚，这与一年四季的变化有关，也是由五星五行与四季的关系引发出来的，但它却被赋予各种神秘色彩，如前面所举的“太白入荧”、“荧入太白”，就是明证。对此，外国学者将其称作“伪科学”、“命运的技术”，都是指其科学的欺骗一面。

总之，自汉代以来，太乙、六壬、遁甲之学日趋完善。在度过了宋代的鼎盛时期后，便一蹶不振，到了明清之际更遭冷落，几乎到了无人问津的地步。但作为预测术的式占，延绵的时间如此之长，传播的地域如此之广，它已成为中国传统文化的重要组成部分。也正因此，对式占中某些科学因素进行提纯分析，在对其迷信本质进行严厉批判的基础上，肯定其有限的价值，这无疑会促进中国古代文化中具有科技内容的文化现象的社会文化层面的含义，得到应有的发掘和开拓。

附录一　遁甲演义[①]（节选）

谢路军　整理

提　要

臣等谨按：《遁甲演义》四卷，明程道生撰。道生，字可生，海宁人。言遁甲者，皆祖洛书，然河图以图名，当有奇偶之象；洛书以书名，当有文字之形。故班固以为六十五字[②]，刘向以为三十八字，刘歆以为二十字[③]，是皆先汉以来洛书无图之明证。若如宋以后所传四十五点之状，与河图不殊，则当名"洛图"，不名"洛书"矣。考《大戴礼》载明堂古制，有二九四、七五三、六一八之文，此九宫之法所自昉。而《易纬·乾凿度》载大乙行九宫，尤详。遁甲之法，实从此起。方技家不知求其源，故妄托也。其法以九宫为本，纬以三奇、六曜、八门、九星，视其加临之吉凶，以为趋避。以日生于乙，月明于丙，丁为南极，为星精，故乙丙丁皆谓之奇。而甲本诸阳首，戊己下六仪分丽焉，以配九宫而起符使，故号"遁甲"。

其离坎分宫，正授超神，闰奇接气，与历律通；开生之取北方三向，与太乙通；龙虎蛇雀，刑囚旺墓之义，不外于乘承生克，与六壬星命通；至风云纬候，无不该备。故神其说者，

① 选自《四库全书术数二集》(华龄出版社 2007 年版)。这里节选的是四库提要和第一卷，其中《烟波钓叟歌》正文已录，此不赘。

② 见《汉书·五行志》。

③ 并见《尚书正义·洪范篇》。

以为出自黄帝、风后，及九天元女。其依托固不待辨，而要于方技之中最有理致。考《汉志》所列，惟风鼓六甲、风后孤虚而已。于奇遁尚无明文。至梁简文帝乐府，始有“三门应遁甲”语。《陈书·武帝纪》，“遁甲”之名遂见于史，则其学殆盛于南北朝。《隋志》载有伍子胥遁甲文、信都芳遁甲经、葛秘三元遁甲图等十三家，其遗文世不概见。唐李靖有遁甲万一诀，胡乾有《遁甲经》，俱见于史志。至宋而传其说者愈多，仁宗时尝命修《景祐乐髓新经》，述七宗二变，合古今之乐；参以六壬、遁甲。又令司天正杨维德撰《遁甲玉函符应经》，亲为制序，故当时壬遁之学最盛，谈数者至今多援引之。自好奇者援以谈兵，遂有靖康时郭京之辈以妖妄误国。后人又搀杂以道家符箓之法，益怪诞不可究诘。于是六壬盛行，而遁甲之学几废。究之，遁通于壬，壬于人事为切，遁于天文为优，实亦未有以轩轾也。

世所传《五总龟烟波钓叟诀》，稍存梗概。而是编旨约词该，于用奇置闰之要，颇为详具。至论本命行年，谓欲乘本局中吉星生旺，其说亦他书所未及，存之以备三式之一，殆亦五行家所不废欤！

乾隆四十六年十月恭校上

卷 一

遁甲源流

昔黄帝始创奇门四千三百二十局。法乃岁按八卦分八节，节有三气，岁大率二十四气也。气有天地人三候，岁大率七十二候也；候有五日，岁大率三百六十日也。日有十二时，岁大率四千三百二十时也。一时一局，故奇门四千三百二十局也。

风后制奇门为一千八十局者，以冬至阳生，起坎、艮、震、巽四卦，统气一十二，候计三十六，分局五百四十，为阳遁；以夏至阴生，起离、坤、兑、乾四卦，统气一十二，候计三十六，分局五百四十，为阴遁；合阴阳二遁，为一千八十定局也。此盖撮四候而共看六十时定局，四个一千八十定局，则依旧为四千三百二十局矣。周太公谙兵法，善布奇门。以八卦分八节，节分三气，气分三候。岁计七十二候。立七十二活局，每局六十时，七十二局计四千三百二十时也。

汉张子房删捷冬至十二气，分三十六候，撮四候为阳遁九局；夏至十二气，分三十六候，撮四候为阴遁九局，此活图更捷也。夫一十八局，七十二局，皆不越一千八十局矣。作硬局，则皆一千八十局；作活局，则有七十二局，一十八局。然一十八局虽简，以奇门星仪符使之行，悉定布于局中，其为课四千三百二十，举目在前。其所未为者只加临一事耳。如欲加临，但依局所定正转两盘，其课遂成。是风后之法乃万世不易也。

年家奇门

上元一宫起甲子。中元四宫起甲子。下元七宫起甲子。俱逆飞六仪，顺布三奇，随三元内各年支干，审在某甲旬内，则以其甲头为直符，符上之门为直使，将甲头直符之星，逐年干转，直使随年支逆飞，审其方向，得奇门到者，吉。

自嘉靖四十三年，甲子起杜门；十年一移，万历甲午年移休。三元年遁，上元六十年以阴遁一局加之，中元六十年以阴遁四局加之，下元六十年以阴遁七局加之。

月家奇门

三元分局：甲己遇四孟为上元，在一宫起甲子。甲己遇四仲为中元，在七宫起甲子。甲己遇四季为下元，在四宫起甲子。俱逆布六仪，顺布三奇；每一元管五年。凡推月奇门，先审其年在何一元内，依前布门飞奇，次就其年遁，月建系某甲头直符，逐地下月干转符上之门为直使，随月支飞泊，看方向得奇门到，大利。

自嘉靖四十二年十一月甲子起，休门在坎，三个月一移，至万历四十一年十一月甲子起，休门在坎。三元月遁，以五虎遁月建对之，六十年遁乙丙丁奇并同八门方位。

日家奇门

分阴阳二遁。按节推排，三日一局，顺行六甲，周而复始。休开生景，吉；得生、旺、合三奇，加临更利。起诀：甲戌壬子居坎，丁辛乙卯坤裁，庚甲戊马震宫游，丁癸辛鸡巽在，庚丙鼠归乾六，己癸卯走西街，丙壬赤马艮安排，乙巳鸡飞离界。

其法自坎宫起甲子，每三日一换，顺飞八方，不入中五，看其日到何宫，便起休门，一顺轮去。三吉门到，方便出入，行事吉。如甲子、乙丑、丙寅在坎，丁卯、戊辰、己巳在坤之类，余仿此推。甲子、乙丑、丙寅，休门在坎。丁卯、戊辰、己巳，在坤。庚午、辛未、壬申，在震。癸酉、甲戌、乙亥，在巽。丙子、丁丑、戊寅，在乾。己卯、庚辰、辛巳，在兑。壬午、癸未、甲申，在艮。乙酉、丙戌、丁亥，在离。戊子、己丑、庚寅，在坎。辛卯、壬辰、癸巳，在坤。甲午、乙未、丙申，在震。丁酉、戊戌、己亥，在巽。庚子、辛丑、壬寅，在乾。癸卯、甲辰、乙巳，在兑。丙午、丁未、戊申，在艮。己酉、庚戌、辛亥，在离。壬子、癸丑、甲寅，在坎。乙卯、丙辰、丁巳，在坤。戊午、己未、庚申，在震。辛酉、壬戌、癸亥，在巽。甲子、乙丑、丙寅，又复自坎宫起，每三日一移。

年吉不如月吉，月吉不如日吉，日吉不如时吉，与日吉相合者，更吉。

时家奇门

假如阳遁一局，甲子在坎，天蓬为直符，休门为直使，管十时，至癸酉止。甲戌在坤，天芮为直符，死门为直使，管十时，至癸未止。甲申在震，天冲为直符，伤门为直使，管十时，至癸巳止。甲午在巽，天辅为直符，杜门为直使，管十时，至癸卯止。甲辰在五，天禽为直符，死门为直使，管十时，至癸丑至。甲寅在乾，天心为直符，开门为直使，管十时，至癸亥止。此阳一局五日六十时足，余类此推。乙奇离，丙奇艮，丁奇兑，乃阳遁，仪顺而奇逆也。甲辰五，乃寄在坤二宫。若阴遁九局，甲子在离，天英为直符，景门为直使，管十时一换。

甲戌在艮，天任为直符，生门为直使，管十时。甲申在兑，天柱为直符，惊门为直使，管十时，甲午在乾，天心为直符，开门为直使，管十时。甲辰在五，天禽为直符，死门为直使，管十时。甲寅在巽，天辅为直符，杜门为直使，管十时。此阴九局五日六十时足，余类此推。丁奇震，丙奇坤，乙奇坎，乃阴遁，奇顺而仪逆也。

八门九星逐时移宫诀

假如阳遁一局，甲子时照上格内，蓬星在一宫，休门亦在一宫，则将下圆图内轮子移，蓬星、休门俱对一坎宫，则生门丙，奇下有丙在艮，奇门全具。乙奇在离，无门。丁奇在兑，无门。如乙丑时看上格子内，蓬星在九，休门在二宫，则移下圆图内轮子，上蓬星对九宫，休门对二坤宫，则见休门丙奇在二坤宫，奇门全。乙奇在坎，无门。丁奇在震，无门。如丙寅时，上格子内蓬星在八宫，休门在三宫，则移下轮子，上蓬星对八宫，休门对三宫，则休门丙奇在震宫，奇门全。乙奇在二宫，丁奇在六宫，俱无门。下至癸酉时，俱以甲子旬头为直符，休门为直使，依前法移宫。又如甲戌时至癸未时十时，芮星直符，死门为直使。若甲申时至癸巳时，俱以冲星为直符，伤门为直使。俱依上法逐时移之，余仿此。

陽順局起例

甲子戊一
甲戌己二
甲申庚三
甲午辛四
甲辰壬五
甲寅癸六
星奇丁七
月奇丙八
日奇乙九

詩曰
冬至驚蟄一七四
小寒二八五相隨
大寒春分三九六
芒種六三九是儀
穀雨小滿五二八
立春八五二相宜
清明立夏四一七
雨水九六三為奇

陰逆局起例

甲子戊九
甲戌己八
甲寅庚七
甲午辛六
甲辰壬五
甲寅癸四
星奇丁三
月奇丙二
日奇乙一

詩曰
夏至白露九二六
小暑八五二之間
大暑秋分七一四
立秋二五八循環
霜降小雪五八二
大雪四七一相關
處暑排來一四七
立冬寒露六九三

黄帝阴符经

阴阳逆顺妙难穷，二至还归一九宫。
若能了达阴阳理，天地都来一掌中。
三才变化作三元，八卦分为八遁门。
星符每逐时干转，直使常随天乙奔。
六仪六甲本同名，三奇即是乙丙丁。
三奇倘合开休生，便是吉门利出行。
万事从之无不利，能知玄妙得其灵。
直符前三六合位，前二太阴君须记。
直符后一名九天，后二宫神名九地。
地为伏匿天扬兵，六合太阴可藏避。
急从神兮缓从门，三五反复天道利。
已上若得三奇妙；不如更得三奇使。
得使犹来未为精，五不遇时损其明。
损明须知时克日，吟格相加尤不吉。

掩捕逃亡须格时，占稽行人信宜失。
斗中三奇游六仪，天乙会合主阴私。
讨捕须明时下克，行人信息遇三奇。
三奇上见游六仪，六仪更见五阳时。
兼向八门寻吉位，万事开三万事宜。
五阳在前五阴后，主客须知有盛衰。
阴后五子还须记，六仪加著更无利。
六仪忽然加三宫，更为刑击先须忌。
六仪击刑三奇墓，此时举动百事误。
太白入荧贼即来，火入金乡贼即去。
丙为勃兮庚为格，格则不通勃乱逆。
庚加日干为伏干，日干加庚飞干格。
庚加直符天乙伏，直符加庚天乙飞。
加己为刑道上格，加癸路中大格宜。
加壬之时为小格，更嫌岁月日时移。
当此之时皆不吉，遣将行师勿用之。
丙加甲兮鸟跌穴，甲加丙兮龙返首。
辛加乙兮虎猖狂，乙加辛兮龙逃走。
丁加癸兮雀入江，癸加丁兮蛇跃跻。
符加丙丁为相佐，使加六丁为守户。
生丙合戊为天遁，地遁乙合开加己。
休承丁合太阴人，天网四张时加癸。
蓬加英兮为返吟，伏吟之时蓬加蓬。
吉宿见之事更吉，凶宿逢之事愈凶。
天辅冲任禽心吉，天蓬天英芮柱凶。
阴宿禽心柱英芮，阳宿冲辅及蓬任。
天网四张无走路，阴阳逆顺妙无穷。

节气推移时候应，二至还归一九宫。
三元超遁用六甲，八卦周流遍九宫。

奇门原始

是书谓之造宅三白之法，出自都天《撼龙经》八十一论。太乙紫微九总八卦者，天地之骨髓，星斗之枢机。八卦互变而及于无穷，五行推移而应乎无尽，以九星为之九总，以八门为之八卦，上可以补天地不全之化，下可以助君王不及之功，扶危助吉，发瑞生祥，既同游十二分之经图，又殊配二十八宿之格局。此书者，正天地之纪纲，明阴阳之经纬，幽探颐隐，显达通玄。试其八卦，门庭配列，九州蹊向，推迁六甲，驱使六仪，天乙直符俾之运局，太乙直使使之指挥。奇以六仪，偶以八节，上下招摇，内外表应。三盘运局，八卦皆通。值其吉，则万事堪为；值其凶，则一分莫举。

其一曰都天九卦，其二曰入地三元，其三曰行军三奇，其四曰造宅三白，其五曰遁形太白之书，其六曰八山撼龙之诀，其七曰转山移水九字玄经，其八曰建国安邦万年金镜，其九曰玄宫。获福救贫，生仙产圣，变祸福如反掌，使贫富如等闲。倘三叠之遇奇门，若蛟龙之得云雨；见六合之逢格局，如狼虎之产羽翼。忌取休囚，防其刑击。如得奇星来到，必须吉位门开。位位皆宜，门门俱吉；只要合得其所，仍须各论其时。干神不囚，支神不克。神藏煞没，方知万事皆和；反吟伏吟，定是千殃数集。奇逢旺相，是为富贵之媒；门逢开休，方协英雄之应。遇青龙返首，值甲乙之妙详；若白虎猖狂，见庚辛之凶祸。若见螣蛇跃跻，知壬癸之峥嵘；倘逢朱雀投江，管丙丁之妖怪。飞鸟跌穴，便云百事皆祥；贵人登坛，管取九宫皆庆。

通玄机而天地皆转，得妙用则触事亨通。若为文武官僚，修造职位皆增；或与良民庶士，迁茔扶危作福。建州府而民安物泰，兴县镇而富足租平，立宅室而福集人依，作庙宇而鬼安神妥。桥梁、船驿、井灶、路途以至其余行事，务在选择周全。或有太岁将军，尽在拱手；任是九良煞曜，莫敢当头不问，诸家运气，不超不开。犯著空亡禁杀，但求此局，却要有奇，可保千年，皆招百福。最堪动土破山，埋宗葬祖，务有奇星到坐，门户得开。有龙山者，必求反首青龙。有白虎者，忌其猖狂白虎。有玄武者，远其跃跻螣蛇。有朱雀者，怕其投江朱雀。如斯迎避，用意配求，万无一失之虞，动有十全之吉。

分其头绪，布其提纲，具列千端，备述其蕴。非但谋猷之逢吉，实乃天地之献祥。助国安邦，济民利物，得之者，宜什袭于玉匮金縢，真所谓至圣皇家之宝也。

遁甲神机赋

两仪主使，三才攸分；步咒摄乎鬼神，存局通乎妙旨。前修删简灵文，裁整诸经要理。夫甲加丙兮龙回首，丙加甲兮鸟跌穴。回首则悦怿易遂，跌穴则显灼易成。身残毁兮乙遇辛而龙逃走，才虚耗兮辛遇乙而虎猖狂。癸见丁兮螣蛇跃跻，丁见癸兮朱雀投江。生丙临戊，天遁用兵，开乙临己，地遁安坟，休丁遇太阴，人遁安营。伏干格庚临日干，飞干格日干临庚，庚临直符。伏干格之名直符临庚，飞宫格之说大格庚临，六癸刑格庚临六己，按格所向既凶，百事营为不喜。时干克日干，乃五不遇而灾生；丙奇临时干，名为勃逆而祸起。三奇得使；众善皆臻。六仪击刑，百凶俱集。太白入荧贼即来，火入金乡贼将去。地罗遮障不占前，天网四张无走路。直符宫同天乙位而取，如逢急难宜从直符方而行。二至顺逆，妙理玄微。阳符左为前数，阴符右为前寻。阳遁从冬至前一十二气，直符后一为九天，后二为九地，前三为六合，前二为太阴。阴遁从夏至一十二气，直符前一为九天，前二为九地，前五为六合，前七为太阴。太阴潜形而隐遁，六合遁身而谋议。九天之上扬威武，九地之下匿兵马。天地备兮难量，神机妙兮莫测，学者欲临事有谋，存心斯赋无惑。

超神接气置闰诀

歌曰：接气超神为准的。超者，超过也。神者，日辰也。接者，承接也。气者，诸节也。节未至而日辰符头先到，则以符头为主，而超用未来之节气，此之谓超。又有节已至而日辰符头未到，则以后日辰符头为主，而待日辰至方承接之，盖其气未来而奇星常用于前，此之谓折补前局周完，方接所到之节，为接气也。

假如丙午年四月十三日，壬申交立夏节，然四月初五日是甲子，已在立夏前九日矣。则合超越，先于甲子下用立夏上局奇，己巳后用中局，此乃先得奇后得节。凡作用取效甚速。

又如十一月初二日，庚寅大雪节，自前己卯至庚寅已超十二日矣，是过旬也。余无再超之理，至此合用闰。闰者何也?自甲午至戊申计十五日，重复大雪节前局奇，十六日甲辰交冬至节，方用冬至下局，是谓之接也。自此以后用接闰之法。又超接诀曰：但逢节气相交日，四仲符头恰相宜。一任推排无差忒，便为正局上元期。正局既明无混渎，渐渐移来换超局。超至旬余是闰期，三候才终当接续。闰奇若不居芒种，便是阴终大雪时。十五日完斯已矣，还将超接正同推。超越经旬，或九朝，或过十一日，无饶闰奇。额在斯三日，更不加前与后稍。凡闰奇三候，一终即为接气，接气积久，乃换正奇，正奇暂移，乃换超局，超局越过九日，或十日或十一日，又当置闰以归每节气所余五时二刻也。置闰定在芒种、大雪之后，设遇小满、小雪二气之交，虽超九日、十日，不可置闰。盖奇以冬、夏二至阳极阴终置闰者，以毕各节气积余之气也。

盖“超神接气”四字，乃遁甲中之关键，苟不能明先后历数，但知超接之说，不知接用拆补之妙，则天道废弛，人事乖违，而祸福不验矣。甚至不知超接正闰之法，据见成硬局以择日时，上局反作下局，颠倒错乱，无有效验，遂忽之以为不足信，可痛哉！况拆补之局永为下之残局，必待符头先到日，方为某节某气上局，岂不是子午卯酉为上局耶？上局永无拆补借用之理。

闰诀曰：闰奇闰奇有妙诀，神仙不肯分明说。甲己二日号符头，子午卯酉为上列。寅申巳亥配中元，辰戌丑未下元。节节过符符过节，闰积原来为准则。节前得符谓之超，节后得符谓之接。有时超过一旬余，便当置闰真妙绝。要知置闰在何时，端在芒种与大雪。超神接气若能明，便是天边云外客。

超接引例

假如淳六年丙午四月十三日壬申立夏，而本月初五日是甲子，即以立夏节用立夏前九日矣，则合前初五日起超在先借用立夏上局奇。自初十日己巳为立夏中局奇，至十六日甲戌用立夏下局奇，此乃先得奇后交节为超，谓之超神速者也。又如淳七年丁未二月二十三日虽交清明，至二十五日是己酉始用清明上局奇。此乃先交节后得奇为接，谓之接气迟者也。

又如其年六月二十八日己酉立秋，正值节与日辰同到，其日即立秋上局，谓之正授奇。凡换奇皆子时换也。又须知闰奇之法，方能超接得真也。积日以成闰月，积时以成闰奇。正超闰接有法，分金定刻难明，局以五日一换，遇一节气通换六局。凡一月节气必三十日五时二刻零，以三十日分六局，以余五时二刻。置闰超神不过十日，遇芒种大雪超过九日，即置闰也。假如丙戌年五月初一日己卯至初九日己某刻芒种奇，超九日则当置闰。即用初一日己卯作芒种，上超局初六日甲申作芒种，中超局十一日己丑作芒种，下超局毕于此，重用一局作三奇。闰法以十六日甲午作芒种闰奇，此超神置闰之法也。二十四日已交夏至，是为置闰，借夏至七日，其五月小，尽至六月初二己酉方作夏至上局，初七日甲寅作夏至中局，十二日己未作夏至下局，以为接气炁也。

又引证

假如万历二十四年丙申正月初九日丑时立春，初九丙子日戊子时还是先年大寒，下局自丑时至亥十一时，初十丁丑日十二时，十一戊寅日十二时，共三十五个时，俱借立春下局，阳二遁坤二起甲子，此为残局也。盖丙子丁丑戊寅三日，乃甲戌旬五日管下，故为下局耳。十二己卯日符头才到，甲子时起至癸未日亥时止，共计五日，方用立春上局。阳遁八宫，艮上超甲子，十七甲申日换局，甲子时至戊子日亥时，计五日，俱以立春中局，阳五遁中宫起甲子，二十二日己丑日甲子时至辛卯日卯时止，计二十八时，俱补足前立春下局所少之数，此乃补局也。二十四日辛卯日辰时雨水至二十六癸巳日亥时，计三十二时，俱借雨水下局。阳三遁震宫起甲子，盖辛卯、壬辰、癸巳三日，乃己丑旬管下，故为下局耳。二十七甲午日符头方到，自子时起至二月初一戊戌日亥时，计六十时，始作雨水上局。阳九遁离宫起甲子，二月初二己亥日子时起至初六癸卯日亥时，计六十时，雨水中局，阳六遁乾宫起甲子。初七甲辰日十二时，初八乙巳日十二时，初九丙午日巳时，上共三十时，俱补足前雨水下局所少之数。前正月辛卯日辰时起，至癸巳日亥时止，共三十二时，尚少二十八时，不满一局也，今以此三十时补之，计六十二时，乃五日零二时，为下局，正是补局之法也。初九日丙午日午时，惊蛰节自午时起，至戊申日亥时止，共计三十时，俱惊蛰下局。阳四巽宫起甲子，此为残局。盖丙午丁未戊申三日亦是甲辰旬，管下，故为下局耳。十二己酉日符头始到，子时至癸丑日亥时，共五日，作惊蛰上局。阳一遁坎宫起甲子，十七甲寅日子时起至戊午日亥时止，共五日，作惊蛰中局。阳七遁兑宫起甲子，二十二己未日十二时、二十三庚申日十二时至二十四辛酉日申时止，共算三十三时，俱补足前惊蛰所少下局之数，前惊蛰三十时曰残局。今三十三时曰补局，共五日零三时，完一局也。宁可多二三时，不可少六、十时，所零之时留在后面作闰。

假如万历二十七年己亥五月十七甲子日子时小暑节，此乃符节两到，名正授奇，余仿此。八月初三己卯日乃符头到，初四庚辰日丑时秋分，乃符先到而节后到，当用超法。又如万历二十六年戊戌正月初八甲午日符头已到，十五日戌时雨水，乃符先到而节后到，当用超法。自正月初八甲午日超起，节节气气超去超，至十月二十七己卯日超用大雪，直至十一月初九日，乃大雪节已过十一日，合当置闰也。十三甲午日叠作大雪节，此名闰奇。仿此自十一月十三接起，节节气气俱要接去直接去，至万历二十七年己亥五月十七甲子日子时正交小暑节，此名正授奇也。仿此正奇用，至八月初三己卯日符头已到，初四秋分乃符先到而节气后到，又当超用，自初四日秋分超起，节节气气超，至于万历二十九年辛丑四月二十七甲午日超用芒种，五月初七甲辰日丑时交芒种节，已超过十日，势无再超之理，当此处置闰。五月十二己酉日叠起又作芒种节上局，阳六遁乾宫起甲子，此即谓闰奇。故书云：二至之前有闰奇者，此也。

遁甲错误须检点

歌曰：更合从旁加检点，余宫不可有微疵。假如得开、休、生三门，又合乙、丙、丁三奇，亦未便为全吉。犹忌余宫犯格。先贤隐其天机妙处，未言其故，所以奇门不吉，百十余格不犯。此则干彼，非精究难知。如余宫有犯，若得直符直使时干相左，则又何妨？盖符使干佐，乃三奇八门一时之主宰也。或用乙奇余宫，切忌逃走猖狂。庚加乙兮等格，不吉也。其余投江跃跻，不足忌矣。

夫用遁之法，不推本命行年，未见精妙。必人生年命乘本局吉星奇门生旺之方，始得神将护持，无不利也。若命入囚死刑克之宫，而又加以恶星，虽所谋事合生开吉门，终不为美。故遣将先择其年命利者为主，否则当候直符移易可也。法以生命随局顺逆为主，行年随命数至泊宫为是。男顺寅，女逆申，皆起五虎遁，其泊宫生克刑害，须以纳音而论。岁月用支，盖方隅生成之神命年，用音者为八方有五命之莹也。缘五日为一局，一局六十时，而一时之中。善恶不一，若不参之以年命，乌足以尽其美哉？

如三奇得使者？乙奇加天盘甲戌甲午是，但乙奇加甲午辛上，乃青龙逃走。丙奇得使，加甲申庚上火入金乡，名曰荧入太白。丁奇得使，加甲寅癸上，乃朱雀投江，俱不可用。如遇本旬直符临其上，则可用也。

附录二　遁甲符应经[①]

谢路军　整理

宋仁宗御制景祐遁甲符应经序

稽夫遁甲之书出于《河图》。黄帝之世，命风后创名，始立阴阳二遁，共一千八十局。迨太公，约七十二局。留侯佐汉，议十八局，推历授时，超神接气，布门耀德，观兵取验，以明胜负，罔不迪吉。是以王者出师，以顺讨逆，前蓍龟燋，兆得天地之中，拟之而后言，议之而后动，动罔不吉，其斯之谓欤？朕嗣三圣之基，居兆民之上，万几之暇，在念庶绩，其凝顺天时而陈兵法，□神道而设教育。□蓬山之藏室有龙甲之秘经，虽绨帙甚多，而繁文弥猥，攻乎异说，动有万殊。采其精纯，冀其明响，因进取其书，命太子洗马兼司天台春官正权、同监判杨维德、春官副王用立、翰林天文李自正、何湛等于资善堂撰集，又命内侍省东头供奉官管勾、御药院任成亮、邓保信、皇甫继和、周维德总其工程，庇事数月，成书三卷，命曰《景祐遁甲符应经》。昔箕子之演洛书，□武王遂承商祚；萧何之收秦籍，佐高祖乃成炎汉。况兹圣贤之言可通神明之德，不离掌握之中，能际天人之学。朕循上古之道，思致万国之宁。观是书之三卷，阴阳变化，百端千绪，贤者岂遽能知？

① 《遁甲符应经》三卷，宋杨维德等撰。此书以遁甲论行军趋避之用、百事凶吉，《四库未收书提要》称其书“立术精密，考较详明，宜五行之家所不废”。

留者岂遽能用？用者岂遽能尽？自非好事者，未必家有其本，以潜心力业有年矣。上之于国家，下之于庶民，一切有为，皆宜用也。昔汉求遗书于天下，又命刘向校书于禁中，使文物之隆无愧之云尔。

卷 上

遁甲总序第一

古法遁者，隐也，幽隐之道。甲者，仪也，谓六甲六仪在有直符天之贵神也。常隐于六戊之下，盖取用兵机，通神明之德，故以遁甲为名。

造式法第二

昔黄帝受龙马之法，命风后演之而为遁甲，造式三重，法象三才：上层象天布九星；中层象人开八门，下层象地布八卦，以镇八方，随冬、夏二至，立阴、阳二遁，一顺一逆，以布三奇六仪也。

九星所值宫第三

古法曰：天有九星，以镇九宫；地有九地，以应九州。其式托以灵龟洛图，戴九履一，左三右七，二、四为肩，六、八为足，凡五在中宫。中宫者土，火之子，金之母，所寄理于西南坤之位也。

天蓬主一宫；天芮主二宫；天冲主三宫；天辅主四宫；天禽主五宫；天心主六宫；天柱主七宫；天任主八宫；天英主九宫。

八门法第四

古法曰：天有八风，以直八卦；地有八方，以应八节。节有三气，气有三候。如是八节以三因之，成二十四气；更三乘之，七十二候备焉。

推八节以主卦为初直第五

冬至一宫坎；立春八宫艮；春分三宫震；立夏四宫巽；夏至九宫离；立秋二宫坤；秋分七宫兑；立冬六宫乾。

阳遁上中下局

冬至、惊蛰一、七、四，小寒二、八、五同推；大寒、春分三、九、六，芒种六、三、九是宜：谷雨、小满五、二、八，立春八、五、二相随；清明、立夏四、一、七，小满九、六、三为期。

阴遁上中下局

夏至、白露九、三、六，小暑八、二、五之间；大暑、秋分七、一四，立秋二、五、八循环；霜降、小雪五、八、二，大雪四、七、一相关；处暑排来一、四、七，立冬、寒露六、九、三。

布局法

一蓬子上一蓬休，芮死推排第二流。更有伤冲并柱甫，不离三四数为头。禽星死五心开六，柱惊还从七上求。内外任生居八位，九寻英景逐方修。

已上四节十二气，三气分天、地、人，上、中、下三局，冬至后阳遁，夏至后阴遁，逐节气阳顺阴逆而布之是也。

布上、中、下局法（此谓甲、己符头）

甲己之日，仲为上局：谓甲子、己卯、甲午、己酉为上局之首也。

甲子至戊辰，己卯至癸未，甲午至戊戌，己酉至癸丑，二十四气在此二十日中用上局。

甲己之日，孟为中局：谓己巳、甲申、己亥、甲寅为中局之首也。

己巳至癸酉，甲申至戊子，己亥至癸卯，甲寅至戊午，此二十日为中局。

甲己之日，季为下局：谓甲戌、己丑、甲辰、己未为下局之首也。

甲戌至戊寅，己丑至癸巳，甲辰至戊申，己未至癸亥，此二十日为下局。

假如甲子至戊寅十五日为三元上、中、下，五日一元也。

超神、接气、拆局、补局第九

假令甲己之日季局第二十日乙庚遇立春，便使立春下局只得四日，至十五日甲己却补足下局，共五日六十时足。其两水气准此，此拆补局、超接之气明矣。

气应变局第十

且如甲子日巳时交冬至中气方得作阳遁，天元上局也。其辰时巳前只作阴遁，大雪上局。

天乙直符使起宫异所

王璋曰：天乙直符使起宫异所，谓直门相冲也。阴、阳二遁各有二使。假令冬至后阳使初起一宫，阴使初起九宫；夏至后阴使初起九宫，阳使初起一宫，故曰起异所。直门相冲者，冬至后，阳使起休门，阴使起景门；夏至后，阴使起景门，阳使起休门，故曰直门相冲。今之用遁，自冬至后一百八十二日六十二分半历子午之东部，阳气用事，唯用阳遁阴使；夏至后一百八十二日六十二分半历子午之西部，阴气用事，唯用阳使阴遁。古经云：冬至后用阴使．夏至后用阳使者，经术不显隐伏之事也。是穷天地，侔造化，以通神明之德，以类万物之情。三光之回旋，四季之往复，一消一息，或升或降，而运于无形，布于无象，有所不见，以俟后人。

一顺一逆应节变

葛洪曰：冬至气应阳使顺行，阴使逆行；夏至后气应阴使顺行，阳使逆行。应节变者，今用算法合求冬至、夏至加时气应以明之。二十四气各求加时，用遁甲超神接气法。精要之微，但使吉凶有凭，用之无误也。

二遁直符合乎中宫

洪曰：合于中宫者，谓阳遁阳使冬至上元甲已日夜半生甲子，初起一宫，历五时至戊辰，在五宫；阴时使初起九宫，逆行历五时戊辰，亦在五宫。阴遁阴使夏至上元甲已日生甲子，初起九宫，历五时至戊辰，在二宫；阳使初起一宫，顺行历五时，至戊辰，亦在五宫。故曰：合于中宫也。

二遁出于六四

洪曰：逾出于五土，归于九一者，谓阳遁阳使起于一而终于九，阴遁阴使起于九而终于一。归于九，故曰：逾于五土，归于九一也。

二遁阴阳

《易》谓曰：阴、阳二遁，谓冬至已后，自一至五为阳遁，从五至九为阴遁；夏至已后，自九至五为阳遁，从五至一为阴遁。以五宫为阴、阳共遁。冬至后，五宫半南为阳遁，半北为阴遁。夏至后，五宫半北为阳遁，半南为阴遁。凡直使在五宫之时，主客胜负难分，是谓凶也。故曰：避五也。

九宫吉凶

《三元经》曰：时下得大辅、天禽、天心为上吉；得天冲、天任为次吉，得天蓬、天芮为大凶；天英、天柱为小凶。更以五行休旺言之：若大凶之星得旺相气，则小凶；小凶之星得旺相气，则中平；若上吉、次吉之星无气，则中平。以意审而用之。

假令冬至后时下得天任宿，吉；乘旺相之气，为上吉也。

九星休、旺

《三元经》曰；九星休、旺者，谓九星各旺于我生月，相于同类月，死于生我月，囚于官鬼月，休于才月。

假令天蓬水星旺于寅卯月，相于亥子月，死于申酉月，囚于四季月，休于巳午月，日、时同。

九星所主

天蓬时，宜安抚边境，修筑城池。春、夏，左将大胜；秋、冬凶亡。其士卒利主不利客。嫁、娶两凶。移徙失火，斗争见血。入官多贼盗。修营宫室、商贾皆凶。

天芮时，宜崇尚修道，交结朋侪，受业师长，吉。不可用兵、嫁娶、争讼、移徙、筑室。秋、冬吉；春、夏凶。

天冲时，宜出师报仇。春、夏，左将胜；秋、冬，无功。不宜嫁娶、移徙、入官、筑室、祠祀、市贾。

天辅时，宜蕴身守道，设教修理。将兵春、夏胜，得平地千里。嫁娶多子孙。移徙、市贾、入官、修营，春、夏用有喜。

天禽时，宜祭祀求福，断灭凶。将兵四时，吉，百福助。不战用谋，敌人畏服。赏功、封爵、移徙、入官、祠祀、商贾、嫁娶，吉。

天心时，宜疗病合药。将兵，秋、冬胜，得地千里：春、夏不利。嫁娶、入官、筑室、祠祀、商贾，秋、冬吉；春、夏凶。利君子，不利小人。

天柱时，宜屯兵自固，隐迹藏形。将兵，车破马伤，士卒败亡。不可移徙、入官、市贾。宜嫁娶、修造、祭祀。

天任时，宜请谒通才。将兵，四时吉。万神助之，敌人自降。嫁娶宜子孙。入官，吉。移徙、筑室，凶。

天英时，宜出行、远行、饮宴作乐。利嫁娶。不宜出兵、移徙、入官、筑室、祠祀、商贾。

假令冬至上元阳遁一局甲己之日夜半生甲子，起一宫，顺行至丙寅时，在三宫时下得天冲宿直，出师报仇，春乘旺气也。

假令夏至上元阴遁九局甲己之日夜半生甲子，起九宫，即天英为直宿宫，至乙丑时八宫时下得天任，宜请谒，通财利也。

八门所生

开门宜远行征罚，所向通达；休门宜和集万事，治兵习业；生门宜见贵人，营造事始；伤门宜渔猎捕罚，行逢盗贼；杜门宜邀遮隐伏，诛伐凶逆；景门宜上书遣使，突阵破围；死门宜行诛戮，吊死送丧；惊门宜掩捕斗讼，攻击惊恐。

已上八门内有开、休、生三门，吉，宜出其下。若更合三奇吉宿，为上吉也。五凶门，不可出其下，宜避之。

假令冬至上元阳遁一局甲己之日夜半生甲子，此时伏吟，生门在八宫，宜见贵人，营造事始，吉。

三　甲

上局仲甲，谓甲己之日夜半生甲子，丙辛之日日中甲午时是也。此时关格刑德在门，用兵先举者败，不可出入。利以逃亡，主、客并凶。

中局孟甲，戊癸之日平旦、甲寅，乙庚之日晡时甲申是也。此时阳气在内，阴气在外，利藏兵固守，不宜出师。利主不利客。

下局季甲，谓丁壬之日食时甲辰、甲己之日黄昏甲戌，此时阳气在外，阴气在内，利出行动众，百事吉。利客不利主。又云：壬甲之日夜半之时三甲皆合，谓今日是甲，直符与时皆是甲，故名三甲合。

三奇得使

葛洪曰：若得三奇之使，尤宜其良，谓在六甲之上，自得所使之奇。甲戌、甲午，乙为使；甲子、甲申，丙为使；甲辰、甲寅，丁为使。

假令阳遁三局乙庚之日丁亥时，此时六乙日奇下临九宫甲午，是为乙奇得使。

假令阴遁三局丙辛之日壬辰时，此时六乙日奇下临九宫甲午，为乙奇得使。

假令阳遁五局丁壬之日，日中为丙午时，此时丙奇下临一宫甲子，为丙奇得使。

假令阴遁五局丙辛之日已亥时，此时丁奇下临四宫甲辰，为丁奇得使。

凡用遁甲，若三奇得使更合吉宿奇门者，百事吉。

三奇之灵

洪曰；三奇之灵，宜以出行。三奇者，谓六乙为日奇，六丙为月奇，六丁为星奇。与善神开、休、生三门，即吉，为三奇之灵。二吉门其中各有一共临之方，即是吉道清虚。此时此方，出兵行军，征讨劫掠，扬兵耀武，发号施令，皆吉。又求福，安社稷，化人民。

假令冬至下元阳四局戊癸之日日中戊午时，此时六戊在四宫，以直符天英加时干六戊于四宫。天英加四宫者，为四宫有戊也，即六丁星奇临六宫。以直使景门加六官，即休门与六丁星奇下临六宫西北方，百事吉。

假令夏至上元阴九局戊癸之日己未时六己在八宫，以直符天辅加时干六巳于八宫，即六乙日奇下临七宫。以杜门直使加八宫，即休门合六乙日奇下临七宫正西方，吉。

九天之上六甲子

璋曰：九天之上六甲子，谓六甲为直符。当六甲之时，士众常背直符所临之官，而击其冲，无不胜也。《经》曰：扬兵于九天之上。所以甲为九天之上者，谓《易》称乾纳甲壬。乾为天，天道上升，以壬数至甲，其数九，故六甲为九天之上。所以六甲皆称甲子者，六甲之始，支干之长。举上以明下，故六甲皆称甲子。

九地之下六癸酉

谓六癸之位，皆称九地之下。凡逃亡绝迹，当以天上六癸所临之方下出入。《易》称坤纳乙癸。又坤为地，地道下降，从乙数癸，亦为九地，故云癸为九地之下。所以六癸者，皆称癸酉，谓是甲子之终癸酉。

三奇之灵六丁卯

谓六丁为三奇之灵，凡行来、出入、用兵、斗战，皆吉。故曰：能知六丁出幽冥，至老不刑；刀虽临颈，犹安不惊。又云六丁者，六甲之阴。丁卯之神字文伯；丁丑神字文孙；丁亥神字文公，丁酉神字文通；丁未神字文卿；丁巳神字巨卿。凡斗争、出入、行来，六丁之神常呼其名。所谓三奇之灵六丁卯者，以丁卯为甲子之阴故也。

六合之中六己巳

谓六己之位皆为六合之中。凡为阴谋、密秘、伏隐之事，皆从天上六己所临之方而出，人莫见之。《经》曰：六合为私门，独出独入，无有见者。所以六己为六合中者，从甲数至己，但甲、己合，故六合之中六己巳者，亦谓举甲子一旬之义，故俱称六己巳也。

九天、九地、太阴、六合

张良曰：九天之上，利以陈兵；九地之下，利以伏藏。太阴六合之中，可以逃亡。凡冬至后，阳遁天上直符所临之宫，后一为九天，后二为九地，前二为太阴，前三为六合。夏至后，凡阴遁天上直符所临之宫，前一九天，前二九地，后二太阳，后三六合。

假令阳遁上元一局甲己之日丙寅时天上直符临八宫，后一九天、后二九地临六宫。前二太阴临四官。前三六合临九宫。

假令阴遁上元九局甲己之日丙寅时天上直符临二宫，即前一九天临七宫，前二九地临六宫，后二太阴临四宫，后三六合临三宫。

伏　吟

子来加子为伏吟，不宜用兵，宜收敛货财。凡六甲之时，门伏皆伏吟。余仿此。

反　吟

子来加午为反吟，不利举兵动众，利散恤仓廪之事。门符冲对皆是。

遁甲择日

遁甲择日出军讨罚、兴造百事者，其中有宝、义、制，和日，吉；伐日，凶。

宝日为上吉，谓干生支也。甲午、乙巳、丙辰、丙戌、丁丑、丁未、戊申、己酉、庚子、辛亥、壬寅、癸卯日也。

义日为次吉，谓支生干也。甲子、丙寅、辛未、壬申、癸酉、庚辰、庚戌、乙亥、己巳、戊午、辛丑日也。

制日为中平，谓干克支也。甲戌、乙未、乙丑、丙申、丁酉、戊子、己亥、庚寅、辛卯、壬午、甲辰、癸巳日也。

和日为次吉，支、干同类也。戊辰、己丑、戊戌、丙午、壬子、甲寅、乙卯、丁巳、己未、庚申、辛酉、癸亥日也。

伐日谓下克上、支克干也。甲申、乙酉、丙子、丁亥、戊寅、己卯、庚午、辛巳、壬辰、壬戌、癸丑、癸未不宜出军，凶。

遁甲利客

《经》曰：天蓬加九宫，利为客。若在秋冬之月壬癸亥子日临战，有黑色云气从北方来助战，客大胜。

天柱、天心加三宫、四宫，利以为客。若在秋月及季夏之月庚申辛酉日临战，有白色云气从西方来助战，大胜。

天任、天禽、天芮加宫，利以为客，若在四季月戊己辰戌丑未日，有黄色云气从东北方来助战，客大胜。

天冲、天辅加八宫、二宫，利为客。若在春冬甲乙寅卯日，有青云气从东方来或东南方来助战，客胜。

天英加七宫，利以为客。若在春夏月丙丁巳午日，有赤云气从南方来助战，客大胜。

利　主

《经》曰：天英加一宫，利以为主。如秋冬月壬癸亥子日，有黑云气从北方来助战，主大胜。

天任、天禽、天芮临三宫、四宫，利以为主。如春夏之月甲乙寅卯日，有青云气从东南方来助战，主大胜。

天蓬加八宫，利为主。如在四季月戊己辰戌丑未日，有黄云气从东北西南来助战，主胜。

天辅、天冲加六、七宫，利为主。如在季夏及秋月庚申辛酉日，有白云气从西北来助战，主胜。

天柱、天心加九宫，利为主。如在春夏月丙丁巳午日，有赤云气从南来助战，主胜。

门　迫

《经》曰：宫制其门，是为门迫。门制其宫，是为宫迫。若吉门被迫，则吉事不成。凶门被迫，凶灾尤甚。

假令开门临三宫、四宫，休门临九宫，生门临一宫，景门临七宫、六宫，此为吉门被迫，吉事不成。若伤、杜门临八、二宫，死门临一宫，惊门临三、四宫，此为凶门被迫，凶灾尤甚。

三奇应静

《经》曰：阳遁顺行前取用，阴遁逆行后取用。

假如阳一局日中甲午直符在三宫，是顺取用，合丙奇在四宫，即月奇到巽来应时中。如三奇在直符位上，为时初；前一位，为时中；前二位，为时末也。

乾日奇到乾，有著黄衣人至，又有缠钱人至。月奇到乾，有被衣服人来，又有黑飞禽成双而至，百日内进女人财，南方有产亡。星奇到乾，有人执刀斧。不然，有牵角畜而至。三、七日进金银，并金白生气物。

坎日奇到坎，有著皂衣人至。不然，有鼓声应之用工。后七日进钱财，并皂衣人到宅。月奇到坎，有杖。不然，有黄白鸟从西北方来。六、十日、一日，日进契书。若东边有大惊火，发。星奇到坎，有人从南方来，抱小儿至。更有黑云而至，一、七日进黑飞物。西北方有自吊卒病死者，大发。

艮　奇到艮，有人著青衣过往，或提铁器人至。又有黑禽飞，成双北来，二、七进金银，周年进白马，吉。

艮　奇到艮，有青皂衣人至，又罟网卖鱼至，或禽成双而来，有小儿啼时，铁器过用工。后七日进人财宝，周年后进白花生气物。星奇到艮，有人携文书纸笔至，或小儿抱铁器过。二、七日内进青黄色物，百二十日进人口并契字，或白角牛。

震日奇到震，有武士执枪弩。又主雷声，或有鼓声而应，或有网罟卖鱼人或打猎人，并小儿成群进金银宝，若见东方女人产，大发。

震日奇到震，网罟卖鱼人或游猎人至，或小儿成群，与日奇同。七日进生气，周年生贵子。若北方有雷伤树，方发。星奇到震，有女人成双至，或黑合成双至。一、七日进黄白物牲酒之时、东方有杀伤时，大发。

巽日奇到巽，有白衣人乘马至。不然，有小儿至。三年内生贵子，进外宝、庄田。见东方林木自枯、火惊、自吊时，发。

巽日奇到巽，有乐声应，又唱喏声，或东南入有惊事所。一、七月进皂衣人，方大发。星奇到巽，有小儿骑牛来，或南方有黑云而至，见北斗。周年有人落小产死，大发。

离日奇到离，有眼脚病人或小儿骑牛马，又黑、白飞禽东方而至。七日内进猪、犬，生财，大发。

离日奇到离，有黄黑禽或双而至。、七日或六、十日进坑垅田，蚕丝旺，大吉。星奇到离，有青衣服人至。三、七日进横财。若见东方刀兵自害时，大发。

坤日奇到坤，有人裹白并披孝服，及西方雷伤牛马，或鼓声。应一、七日进鸡、猪，六、十日进契字，大吉。

坤日奇到坤，有人著皂衣，及乌、鹊自南、北二方至，或鼓声。应用工后七日，进北方女人、财物。周年，绝户田，又入皂衣人获财，见东雷声，大发。星奇到坤，有青衣人及黑禽至，或人担水过。应二、七日进水族、海味之物。见北上山崩、水决、田塌，大发。

兑日奇到兑，有女二、五至。不然，有鸟鸣应鹊报喜。三、七日、百日进角羽或商音，入田地，见东方牛马自损，大发。

兑日奇到兑，有人持杖东方来，又有抱小儿鸣声至，有鼓声。一、七日进财，周年进人口、田地。坤、艮二方有老人死时，发。星奇到兑，有人将文书、纸笔来、又打鱼网罟人过西方，有飞禽至。七日进猪鸡等物，坤、艮、兑方有人卒死，或发火为应，大发。

奇门路应

《经》曰：乙奇遇生门，两鼠斗，或孝衣人。休门，牛马及扛木人。开门，客人或红衣公吏人。

丙奇遇生门，路逢恶眼人或斗人。休门，五十里闻鼓声或乐器。开门，老人执杖或哭声。

丁奇遇生门，逢猪者或犬。休门，二十里逢皂白衣妇人。开门，小儿执竹杖等物应之。

卷 中

释天遁第一

天遁者，生门与六丙日奇合地下六丁为天遁，此时得日精之蔽也。

假令阳四局乙庚之日酉时天心为直符，加时干六乙，开门直使，加时宫七，即生门与日奇六丙合六丁于一宫，是为天遁也。

假令阴六局戊癸之日晡时天蓬为直符，加时干六庚，休门为直使，加时官四，即生门与六丙月日奇合临六丁于九宫，是为天遁。

释地遁第二

地遁者，开门与六乙日奇合临地下六己为地遁. 此时得日精之蔽也。

假令阳一局丙辛之日，日出天冲为直符，加时干六辛，伤门直使临一宫日，即开门与日奇六乙临六己于二宫，是谓地遁也。

释人遁第三

人遁者，休门与六丁星奇合前二太阴中为人遁，此时得星精之蔽也。

假令阳七局乙庚之日夜半天任直符，加时干六丙，生门加时宫一宫，即休门与六丁星奇合前二太阴中六宫为人遁。

凡得三遁之时，出门奇，百事吉。

三奇入墓

洪曰：三奇人墓者，谓乙未时为日奇入墓，乙为日奇，木墓在未，故为日奇入墓。丙戌为月奇入墓、丙为月奇，火墓在戌，故为月奇入墓。

璋曰：三奇墓者，谓六、一日奇临二宫，六丙月奇，六丁星奇，在六宫，是三奇入墓也。

六仪击刑

洪曰：六仪击刑者，谓甲子直符时加卯（卯子）刑（子卯），甲戌直符时加未（丑戌未）刑（戌未丑），甲申直符时加寅（寅巳申）刑（巳申寅），甲辰直符时加辰（辰午酉亥自刑），甲午直符时加午（自刑），甲寅直符时加巳，寅刑巳。

假令阳遁天元一局甲己之日夜半生甲子为直符，以日出时六仪击刑也。至庚午时，以甲子直符加六庚于三宫，即六仪击刑也。此时凶，不可用。

太白入荧惑

汤曰：庚为太白，丙为荧惑。若庚加丙时，对敌宜防贼来。

假令夏至中元阴二局乙庚之日平旦为丙寅，六庚在乙宫，以天芮直符加时干于三宫，即六庚下临六丙于二宫，即太白入荧惑。

荧惑入太白

丙为荧惑，庚为太白。若丙加庚，此时闻贼，必当退避。

假令阴六局甲己之日丙寅时，六丙在八宫，以直符天心加时干，即六丙下临庚子四宫，此为荧惑入太白也，占贼不来。

青龙回首

洪曰：六甲加六丙，名青龙回首。凡阴、阳二遁遇此时，可以造举，百事吉。若令其门利出行，最为良也。

假令冬至上元阳一局甲己之日丙寅时，六甲在一宫，甲子天蓬直符加时干六丙于八宫，此为青龙回首。

飞鸟跌穴

六丙加六甲，名为飞鸟跌穴。凡二遁遇此时，利为百事，出行、营造、举动皆吉。

天乙伏宫格

《三元经》曰：六庚加直符，名天乙伏官。此时战，主、客皆不利。

天乙飞宫格

直符加六庚是也。此时主、客皆不利。

天乙伏干格

曰六庚为太白加日干，即为伏干格。此时战，主、客斗伤。

飞干格

曰今日之干加六庚是也。此时战，主、客两伤。

岁干格

曰六庚加今岁之干是也。此时凶。

月干格

曰六庚加今月之干是也。此时凶。

日干格

曰六庚加今日之干是也。此时凶。

时干格

曰六庚加时干，亦名伏吟格。此时不宜举事，用兵凶。

大 格

汤曰：六庚加六癸为大格。谓天上六庚临地下六癸，此时不可举百事，亡遗者不可求，不在。

刑 格

曰六庚加六己是也。谓天上六庚加地下六己。此时用兵，主车破马伤，中道而止，士卒逃亡，不可以行。

青龙逃走

璋曰：六乙加六辛是也。此时百事凶。

白虎猖狂

璋曰：六辛加六乙是也。此时百事凶。

朱雀入江

璋曰：六丁加六癸是也。此时忌为百事。

螣蛇跃跻

璋曰：六癸加六丁是也。此时百事不利。

时　勃

汤曰：六丙所加，皆名为勃。勃者，乱也。谓天上六丙临年、月、日、时之干直符类同六庚所加之义。凡举百事、用兵遇勃，主纲纪紊乱，凶。

遁甲五阳所利

《经》曰；五阳所利以为客。当为客之时，则先举兵，高旗鸣鼓，耀武扬兵以决胜。谓时得甲、乙、丙、丁、戊五干，善神治事，可以出军征伐，远行求利，建国邑，临武事，入官移徙，嫁娶举造，百事皆大吉。此时逃亡者不可得，故《经》曰：直使之行，一时一易，行阳，利以为客。故曰：得阳者，飞而不止。阳五干在子、午之东部生气，故为客利先举。

假令甲己之日夜半生甲子，自子时至辰时得甲、乙、丙、丁、戊，是五阳将，利为客先举，不拘阴、阳二遁，如此例也。

遁甲五阴所利

曰：五阴时，利以为主。当为主之时，即后举兵，低旗衔枚，待敌而后动，以决胜。谓时下己、庚、辛、壬、癸五干，恶神治事，不可拜官、移徙、婚姻、出行、兴造、举百事，逃亡者不可得，宜画策密谋，集武备，祷祀祈福，《经》云：直使之行，一时一易，行阴，利以为主。故曰：得阴者，伏而不起。阴五干在子、午之西部杀气也，故利后动。

假令甲己之日甲子自巳至酉时起己、庚、辛、壬、癸，是五阴时，利以为主，宜后举，不拘阴、阳二遁，皆如此例。

出行呼神字入太阴中

又曰：若欲出行者，所向之方，呼其神之字而行六十步，五转入太阴中，直符阳前二辰为太阴、中阴，后二辰为太阴、中六丁，又为太阴皆是也。呼其神名，谓呼所出门天上所得之星之名字。

天蓬（字子禽，坎）天芮（字子成，坤）天冲（字子翘，震）天辅（字子卿，巽）

天禽（字子公，离）中宫天心（字子襄，乾）天柱（字子申，兑。又子常）天任（字子韦，艮。又子金）天英（字子威，离。又子然）

假令冬至上元阳遁一局以甲己之日平旦丙寅，此六丙在八宫，天上六甲天蓬直符加八宫，欲出东北，呼神名，其字子禽，行六十步，入太阴中。此时前二太阴下临四宫东南，天上六丁临九宫正南，左回入东南、正南，皆是。入太阴中仿此。

出入呼六甲神名字五行相制

《经》曰：若有所用百事者，皆向六甲所在之方呼其神名，行六十步，左转入太阴中。又六丁名太阴，见贵人则喜悦，遇阵则胜。

甲戌旬首神名徐何。若开决沟渠，平治道路，分决河道，得于自然，开路无损路，向其方呼其神之字，左转入太阴中，则得所愿自通道路。

甲申旬首神名盖新。若入山田猎，捉捕虎狼、虫兽者，皆向其方呼其神之名而行六十步，左转入大阴中，虫兽自然不动。

甲午旬首神名灵光。安营置阵、巡狩战斗者，皆向其方呼其神之名，而行六十步，左转入太阴中，则必胜。

甲辰旬首神名含章。若求官拜将、临民赴任者，皆向其方呼其神之名而行，举步左转入太阴中，则为官不晦散。

甲寅旬首神名监兵。若扬兵振武，教阵荡寇，行军伐不道者，皆向其方呼其神之名，而行六十步，左转入太阴中。若出行安边，贼盗自然不起。

又曰：六甲内管五行，而动应无方。其五行而合胜，有相生相克，左手象天，右手法地，体好静，故书五行相制运化之道，无不兼该。若见贵人求官二千石及令长者，则于左手书天字。若商贸兴贩、和结、交友、嫁娶、立契，则书和字。若入山捕收牧猎，则书狮子字。若部工居众，则书强字。若过河治水，则书土字，或戊字。波浪腾声舟揖而溺，犹忌八风触水龙招摇咸池之日。若游山入道，则书龙字，其蛇虫不动。此是五行相制胜负之道。

出入呼其时下十二辰神

《经》曰：凡出行，呼十二干神名：

甲为天福，其神王文卿；乙为天德，其神龙文卿；

丙为天威，其神唐仲卿；丁为天玉女，其神季田往；

戊为天武，其神司马羊；己为明堂，其神纪游卿；

庚为天刑，其神邹元阳；辛为天庭，其神高子张；

壬为天宰，其神王禄卿；癸为天狱，其神受子光。

之三避五

《经》曰：天道不远，三、五复返。之三避五，恢然独处。三为生气，故之三也；五为害气，故避五也。三为威，五为武，盛于三，衰于五。匹马双轮，无有反顾。

假令冬至上元阳一局甲己之日丙寅时宫得三，此时为生气，则为百事吉，故曰之三。至戊辰时，宫得五，为害气，故曰避五，百事凶。

六丁阴遁神名

丁丑神梁邱叔；丁未神王屈奇；丁巳神许咸池；

丁酉神费阳多；丁亥神陵成陆，丁卯神孔林族。

威德之时

葛稚川曰；六丙为威，六甲为德，利以为客，发号施令。入其国，犬不吠，马不嘶，回车止轮，所动万里。敢有举兵来向者，皆还自灭，贼必亡矣。天兵末动，敌人自恐；天兵未行，敌人自惊。将兵征讨，客不胜，不利为主，惟宜固守以待天时也。

三奇游六仪

《经》曰：三奇游六仪，利以宫庭宴会、喜乐之事。六仪者，六甲也。三奇者，乙、丙、丁也。谓乙、丙、丁游于六仪之上。

甲子旬有庚午；甲戌旬有己卯；甲申旬有戊子；

甲午旬有丁酉；甲辰旬有丙午；甲寅旬有乙卯。

此为玉女守门之时，有罪无疑，故利宴乐也。

假令甲己之日申庚午，是玉女守门之时也。

天辅之时

《经》曰：天辅之时，有罪无疑。斧头在前，天犹救之。

甲己之日己巳时、乙庚之日甲申时、丙辛之日甲午时、丁壬之日甲辰时、戊癸之日甲寅时，是天辅时也。凡此时有罪，皆自解释也。

天网四张

《经》曰：天网四张，万物尽伤。此时不可举造百事。又神有高下，必须知之，谓时下得六癸之时也。

假令天乙在一宫，即天乙所加宫也。当此之时，必须匍匐而去，以左右肩纽面前行过十步，吉。若天乙高二尺，以上可消息避天网，匍匐而去也。

四时所利

《经》曰：春、夏之节，杀气潜藏，阴气居下，阳气在上，故战斗利居平野之地，居下也。秋、冬杀气在上，阳气在下，战斗利居野外，高下顺其杀气也。

亭亭白奸

璋曰：亭亭者，天之贵神背而击其冲，为胜推之法。常以月将加时神后下，为亭亭所居也。

假令五月将小吉加寅时，即神后临未，为亭亭之在也。

璋曰：白奸者，天之奸神，合于已亥，格于寅申。当合之时，俱背之当。格与不格，合与不合者，皆亭亭向白奸推之法。以月将加时寅、午、戌，上见孟神，即是白奸之位。常以行寅、申、巳、亥四孟位也。

假令正月将登明加时干，登明，孟神，临午即白奸在亥也。他仿此。

孤 虚 法

石公曰：背孤击虚，一女可敌十夫。古法：十人用时孤，百人用日孤，千人用月孤，万人用年孤，惟有时孤最验。今立成于后。

甲子旬（孤在戌亥，虚在辰巳）甲戌旬（孤在申酉，虚在寅卯）

甲申旬（孤在午未，虚在子丑）甲午旬（孤在辰巳，虚在戌亥）

甲寅旬（孤在子丑，虚在午未）甲辰旬（孤在寅卯，虚在申酉）

卜贼多少

《经》曰：欲知贼之数多少，便以月将加闻贼时，视上神，见天罡河魁，五百、五千、五万人；见登明太乙，四百、四千、四万人；见神后胜光，六百、六千、六万人；见大吉小吉，八百、八千、八万人；见功曹传送，七百、七千、七万人；见从魁太冲，一百、一千、一万人。其神旺十倍，相气五倍，休气如数，囚气减少，死气减半也。

推迷路法

黄石公曰：出军，道逢三路，迷，知何道通，以月将加时，天罡在孟，左道通；在季，右道通；在仲，中道通也。

出军疫疠禳法

《经》曰：出军，疫疠传染，死者甚众，号曰军气。可以上风焚死人髑髅数个，闻气即解也。

田螺卜胜负

《经》曰：兵家用筮之法，与他筮甚异。可用一盘，以黑为界，置二螺丁其中，以左为主，右为客，而作咒曰：田螺舞，能知风雨。敌若来迫，入我城所。田螺索索，风雨不着。敌若不来，各守城廓。急急如律令。咒讫，露于星斗之下，左侵右则胜，右侵左则败，不相侵，不战也。

卷　下

十干人君所利

《经》曰：甲为天福。人君此时宜行恩施惠，进有德，赏有功，获福庆。

乙为天德，亦为蓬星。人君此时宜施恩惠，赏功行德，吉。

丙为天威，亦名明堂。以战斗发号施令，以振天威，不可行刑罚。

丁为太阴。宜安静居处，无使烦扰，不可行怒谴责。

戊为天武。宜发号施令，以行诛伐，断除凶恶。

己为地户。宜发明密事，修封疆，理城廓。

庚为天狱。宜断决刑狱，诛戮奸邪，而人无怨言。

辛为天庭。可以正行刑法，行威怒，制罪囚。不利为吉事。

壬为天牢。宜正平诉讼，决刑狱。不可为吉事。

癸为天藏。宜行威武，显罪责罚，积储藏，原收敛。

十干吉凶

《经》曰：时加六甲，一开一阖，上下交接。又曰：能知三甲，一开一阖；不知三甲，六甲尽阖。阳星加时为开，阳星天蓬、天任、天冲、天辅、天禽；阴星加时为阖，阴星天芮、天柱、天心、天英。六甲之时，遇阴加时为阖也。宜战斗、往来，百事吉。又曰：甲为青龙，利以远行，腾兵客胜，闻忧无闻喜。有宜谒尊上，见贵人，有喜。移徙、嫁娶，百事吉。不可行谴怒及鞭杖事，利远行。

假令上元阳一局甲己之日黄昏时，得天芮阴星加时为阖，百事凶。

假令阳九局甲己之日黄昏，得天任阳星加时为开，百事吉。

《经》曰：时加六乙，往来恍惚，与神俱出。谓六乙为日奇，宜从天上六乙出，既随日奇，恍惚如神，人无见者。将兵客胜，闻忧无闻喜。有行逢、饮食、移徙、入官、市贾、嫁娶，吉。不可行谴怒、责鞭杖、嗔责事。

假令冬至上元阳一局甲己之日天蓬为直符，至乙丑时六丁在九宫，以直符加时干，此时天上六己下临一宫，出北方，吉。

时加六丙，万兵莫往。此时侯王厌伏兵灾，将兵闻忧无闻喜。有入官，得此仙。市贾有利。丙为月奇，又为天威，丙火以销金，精兵不起。若攻伐者，从天上六丙出，既挟月奇，又乘天威，丙火相随，故曰：厌伏兵灾。

假令冬至下元阳四局甲己之日平旦丙寅，此时六丙下临六宫，出西北方，大吉。

时加六丁，出幽入冥，至老不刑。六丁为星奇，又为玉女，宜逃亡绝迹，当从天上六丁，出随星奇，挟玉女入太阴中而藏，人不见。故曰：出幽入冥。又六丁为太阴，可以藏形，人皆不见，故曰：敌人不敢侵。将兵主胜，闻忧喜各半。可以请谒，利嫁娶及阴私事。入官、商贾，吉。

假令立春下元二局甲己之日夜半甲子日出丁卯，此时六丁在东北，以直符天芮加时干，即六丁下临二宫，出西南方，吉。

时加六戊，乘龙万里，莫敢呵止。戊为天门，又为天武，宜可远行万里，百事吉。

戊为天门，凶恶不起。当从天上六戊出，校天武，入天门，故乘龙万里，凶恶不敢起。鸡不鸣，犬不吠。将兵客胜，闻喜。有利以远行，市贾、小人惊走亡命，吉。

假令立春中阳五局甲己之日戊辰时，此时六戊在五宫，寄坤二，以直符加时干，即六戊临二宫，出西南方，吉。

时加六己，如神所使。不知六己，出被凶咎。己为六合，此时宜为阴谋秘密之事，当从天上六己出。不宜市贾，为显扬之事。隐匿如神所使。不知六己者，谓为显赫，必成凶咎。又为地户，独出独入，有见者，将兵闻喜无闻忧，有利以出行、入官、嫁娶，小人亡命惊走。若占人，有逃亡、阴私之事。

假令小寒中元八局甲己之日自己巳时，六己在六宫，以直符加时干六己，下临六宫，出西北方，吉。

时加六庚，抱木而行。强有出者，必见斗争。谓庚为天狱，此时凶强有出，必有刑罪。故曰：能知六庚，不被五木；不知六庚，误使入狱，或被凌辱。将兵主胜，不胜利客，利七宫固守。闻忧有，闻喜无。市贾，以道死物伤，无利。入官、嫁娶，凶。六庚之时，惟宜固守。能知六庚之时，谓此时已下，主六癸时，不宜出。

时加六辛，行遇死人。强有出者，罪罚缠身。此时行来，出入并凶。强有出入，斧锁在前，行为罪累。故曰：能知六辛，所恒往来；不知六辛，多被杻械。又辛为天庭，罪网自缠。将兵主胜，不利客。闻忧有忧，闻喜有喜。可行刑决罪，人宜嫁娶、入官、市贾、问疾。

时加六壬，为吏所禁。强出入者，飞祸将临。此时不可远行出入，百事凶。强出，必有牢狱。壬为天牢，怨仇所稽，将兵主胜，利伏藏邀遮，不宜入官、移徙、嫁娶、逃亡。病者，进退不死。

时加六癸，众人莫视。不知六癸，出门见死。此时不利，出入皆凶。隐遁求仙，亡命绝迹，当从天上六癸下出入不见，故曰：众人莫视。又癸为天藏，利以伏匿、逃亡。将兵主胜，闻忧有，闻喜无。不宜入官、市贾、嫁娶、移徙。入室凶，疾病重，亡不得。

六甲下营法

《经》曰：夫将兵四出，统众安营，必取其法。以六甲为首，十时一易。真卓曰：以岁、月、旬而为伏，或依岁、月，或取六甲旬首而排布之。

大将居青龙甲；旗鼓居蓬星乙；士卒居明堂丙；伏兵居太阴丁；军门居天门戊；小将居地户己；斩罚居天狱庚；判断居天庭辛；囚系、粮储居天牢壬；府藏居天藏癸。

假令甲己之日夜半甲子青龙在子，大将居之；蓬星在丑，旗鼓居之；明堂在寅，士卒居之；太阴在卯，伏兵居之；天门在辰，军门居之；地户在巳，小将居之；天狱在午，斩伐居之；天庭在未，判断居之；天牢在申，囚系、粮储居之；天藏在酉，府藏居之。

《经》曰：天上十干所居临下之宫。

假令冬至上元阳一局甲己之日甲子时六甲在乙宫，六乙在九宫，六丙在八宫，六丁在七宫，六戊在一宫，六己在二宫，六庚在三宫，六辛在四宫，六壬在五宫，六癸在六宫。

三胜宫

阳遁第一胜天乙宫

天上直符乘为天乙宫，上将居之，用兵击其冲，百胜。按万一记云：若在阳遁，即用天上直符所居；若在阴遁，即用地下直符所居宫上将居而击其冲，胜。

第二胜九天宫

阳遁天上直符后一为九天，阴遁直符前一为九天。我军立九天之上而击其冲，则敌人不敢当我之锋。

第三胜生门宫

谓生门合三奇之宫。上将引兵从生门击死门，百战百胜。上将引兵皆生门击死门。

又曰：背亭亭向天门，一胜；背月建，二胜；背生击死，三胜。背小异也。

假令大寒上元阳三局甲己之日丁卯时，天上直符乘六丁临九宫正南，为天乙宫，为第一胜宫。九天在四宫东南，第一胜地；生门与丁奇合临七宫正西，第三胜地。

假令阴八局甲己之日平旦时地下直符在八宫东北，为天乙宫第一胜地。九天在八宫东北，为第二胜地。生门临六宫西北，为第三胜地。

五不可击宫

汤曰：第一不击天乙宫；二不击九天宫；三不击生门宫；四不击九地宫；五不击直使宫。已上皆不可击。我军居之，必雄盛矣。

假令上元阳八局丙辛之日辛卯时，天乙在二宫西南。阳遁天上直符所在宫而击其冲也。

九天在九宫正南；生门在三宫正东；

九地在四宫东南；直使在八宫东北。

已上并不可击。我军居之，必雄胜。

假令阴七局甲己之日丙寅时，天乙在七宫，阴遁居地宫也，宜正西而击其冲正东。天上直符临九宫，阴遁前一九天在二宫西南，生门在一宫正北，九地在七宫正西，直使在五宫寄坤二西南。已上不可击。我军居之，必雄盛也。

涉阴危之中

《经》曰：若涉阴危之中，山河水涸之际，兵不得移转者，贼从利方上来，即视天时。若阳时者，令士卒皆前袒左肩，引声大呼，鸣鼓击钟，先而击之。若阴时，令士卒衔枚，驻车马桴鼓，静以待之。若敌四面围之者，当分军为三部。

五不遇时

洪曰：五不遇时者，谓刚柔日相克而损其明。时下之干，克今日之干是也。此时纵有奇门，不可行百事，凶。

假令甲日午时、乙日巳时、丙日辰时、丁日卯时、戊日寅时、己日丑时、庚日子时、辛日酉时、壬日申时、癸日未时，已上时损明也。

饮食左右冠带步履法

《经》曰：六甲为饮食，宜旬中六甲。

假令甲子日子上也，左右六丁，谓左右宜向旬中六丁。

假令甲子旬向卯上，冠带六戊，谓宜旬中六戊。

假令甲子旬向辰上，步履乾坤者，谓初举左足而言乾；次举右足而言坤；次举左足而言元；次举右足而言亨；次举左足而言利；次举右足而言贞，一步一言，行六十步而去，勿回顾，随所去方，害不能及也。

急则从神缓则从门

《经》曰：谓有急事，不择时并三奇吉门。

当天乙所在宫及直符之神。若缓时，则可待三奇吉门而去，及天上六戊所在，以六戊常为天门。

假令冬至阳一局甲己之日丙寅时，此时天乙加六丙于八宫，直符在一宫，若有急事，可东北天乙下及正北直符六戊下去，皆吉。

出天门，入地户，遇太阴，居青龙

《经》曰：初出天门戊，入地户己，遇太阴丁，居青龙甲，所居之下百战百胜。

假令冬至上元甲己日甲子时初起兵出天门，辰入地户，巳下遇太阴卯下，居青龙子下，百战百胜。

又法出天门者，天上六戊在一宫，入地户；天上六己在九宫，遇太阴；在七宫，居天上。青龙在一宫，仿此。

伏匿藏形

子胥曰：若欲伏匿者，乘青龙甲，历蓬星乙，过明堂丙，出天门戊，入地户己，还太阴丁，取草拆半、障人半，入天藏癸。

假令六甲日夜半甲子时，欲伏藏者，初起甲子，历丑遇寅辰，入巳，还取草拆半障人，中置卯地，而入酉地，去人无见者。遇太阴时，咒曰：天翻地覆，九道皆塞。有来追我，至此而极。经入天藏，慎勿反顾。庚为天狱，辛为天庭，壬为天牢，宜避之，不宜抵向，即被束缚。

玉女反闭局法

《经》曰：凡用三元九宫遁甲，无三奇吉门者，则不可出行，宜玉女反闭局而去。

《经》曰：反闭局者，在室中六尺，庭中六步，在野六十步，并以六为数。见定数托，便以左手执六算，各长一尺三寸，右手劈吸王气，叩齿十二通了，祷祝心下为某事，然后却回身，背王气，谨启：某年、月、日、时，某谨天父、地母、六甲、六旬、十二时辰、青龙、蓬星、明堂、天上玉女、六戊藏形之神，某好乐长生之术，行不择日，出不问时。今欲行游为某事，敬祈大事。谨按天文，请玉女画地局，出天门，入地户，闭金关，乘玉辂。玉女、青龙、白虎、朱雀、玄武、勾陈六合六甲神、十二时神，乘而行到私所，左右巡防，随行随止，随卧随起，辟除盗贼，鬼魅消亡。君子见我，喜乐倍常；小人见我，欢跃惶惶；男女见我，供侍酒浆。百恶鬼贼，当我者亡。今日禹步，上应天罡玉女，侍劳下者破；所求者得；所愿者成。帝王、大臣、二千石长史，见我爱如赤子。今日请玉女大神随我进为局法。

又咒曰：五为天目，与天相逐。睛如雷电，明辉八极。彻如表里，无物不然。逆害之徒，皆摧灭魁罡之下，无动无作。急急如律令。

请神入局

若人志心修持，既济乾坤，三台九宫，四纵五横，禹步而能出天门，入地户，诵天鼎，想诸神。护卫之后，心诵于道。冥心一观，万物若空。上知有物，不知有物之自造。斯可大矣哉!右天请福、六甲六丁、执胜文伯，禹步各作局分而布之。

九宫八卦图局

咒曰：吾左魁右魒，右魁左魒，上魁下魒，下魁上魒。吾藏身三五之中、魑�之内、魑魒之里，颠倒三五，低昂步罡魁，为我生形。吾戴日戴月，足履北斗三台。七星覆我，五星照我，二十八宿罗列卫我。璇玑玉衡，卫我身形；衣斗履斗，与斗同仪。令步罡三五，合成步璇，蹑衡趋祥，紫微三五胜，乘罡御斗，秉正天威，万世常存，日月同曜。邪道五害，皆伏魁罡之下，无动无作。急急如律令。

十二局天门地户玉女反闭立成

子日（天门丙，地户乙）玉女庚；丑日（天门丙，地户乙）玉女辛；

寅日（天门丙，地户庚）玉女乾；卯日（天门庚，地户丁）玉女壬；

辰日（天门庚，地户丁）玉女癸；巳日（天门庚，地户壬）玉女艮；

午日（天门壬，地户辛）玉女甲；未日（天门壬，地户辛）玉女乙；

申日（天门壬，地户甲）玉女巽；酉日（天门甲，地户癸）玉女丙；

戌日（天门甲，地户癸）玉女丁；亥日（天门甲，地户丙）玉女坤。

《经》曰：若不布局，请神喝算，则神无验矣。

真人闭六戊法

画局讫，便从心下排东、西、南、北，布十二神、四维、八干位。

假令甲日，便从甲地入局；乙日，便从乙地入局；丙日，从丙；丁日，从丁；庚日，从庚；辛日，从辛；壬日，从壬；癸日，从癸；戊日，从乾；己日，从艮地入局内。一说戊日，即从乾；己日，只从巽内。手持六算，祷祝四方：

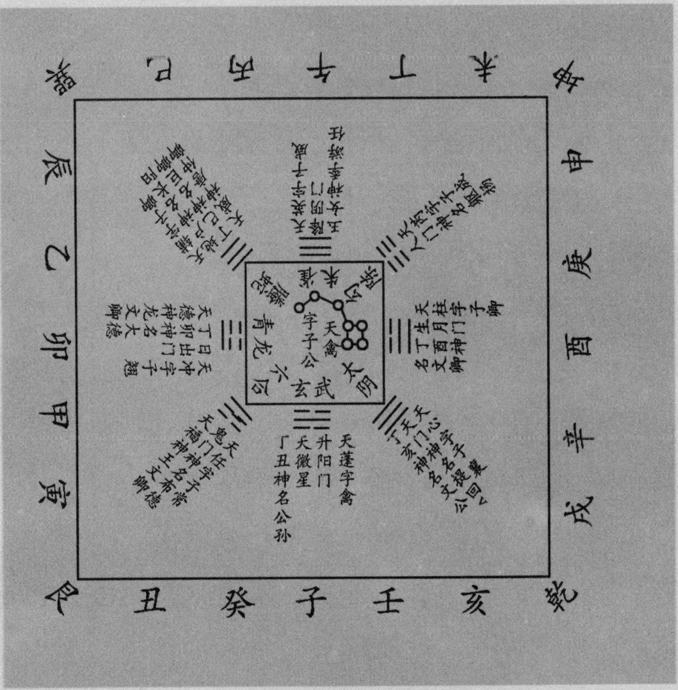

谨请东方功曹、太冲天罡、青帝大神、甲乙大神，降于局所，侍卫我身。

谨请南方太乙、胜光小吉、赤帝大神、丙丁火神，降于局所，侍卫我身。

谨请西方传送从魁河魁、白帝大神、庚辛大神，降于局所，侍卫我身。

谨请北方登明、神后大吉、黑帝大神、壬癸大神，降于局所，侍卫我身。

右谨请四方讫，便从所求日辰上安置算法。

假令子上第一算，丑上第二算，寅上第三算，卯上第四算，辰上第五算，巳上第六算。巳上第六算讫，但有两支挟一干，先成为天门，后成为地户。四仲日地户不成，取初筹第一算安辰所冲上命起自然成门。

术曰：鼠行失穴，入狗市，便移子上第一算，安戌上，大呼青龙下。牛入兔园，食甘草，便移丑上第二算，安卯上，大呼朱雀下。猛虎煦煦来，入户巳，便移寅上第三算，安巳上，大呼勾陈下。兔入牛栏，伏不起，便移卯上第四算，安丑上，大呼白虎下。龙入马厩，因留止，便移辰上第五算，安午上，大呼玄武下。螣蛇宛转，入申里，便移巳上第六算，安申上，大呼六合下。若午日，即从午上命第一算。即曰：马入龙泉饮甘水，便移午上，算安于辰上；羊鸡易位入酉里，便移未上，算安于酉上；猿猴踊跃北奔豕，便移申上，算安亥上；鸡飞扑落羊栏里，便移酉上，算安未上；狗入鼠穴捕于子，便移戌上，算安子上；猪入虎穴自求死，便移亥上，算安于寅上。喝算讫。

先成者为天门，后成者为地户。四仲地户不成，将初筹第一算冲辰命之，乃成咒曰：乾尊曜灵，坤顺内营。二仪交泰，要合利亨。配天向地，求宁肃清。应感玄黄，黄衣下裳。离坎兑，翊赞扶将。乾坤艮巽，虎步龙翔。今日行算，玉女侍傍。有急相佐，常辅扶匡。追我者死，捕我者亡。牵牛织女，化成江河。急急如律令。玉女左行八干四维，子日从庚起，周而复始，乘玉女，去时有咒，当呼玉女所在。若庚上，便呼上玉女速来护我，无令百鬼伤我，敌人莫见我。见我者，以为束薪，独开我门，而闭他门，每移一步，持咒一句。

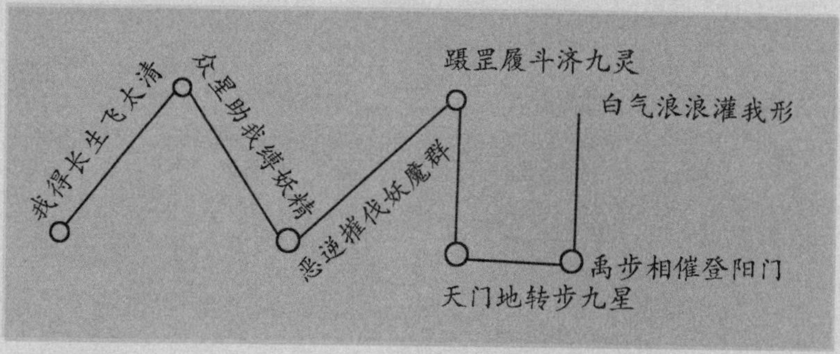

右禹步毕，咒曰：六甲九章，天圆地方。四时五行，青赤白黄。太乙为师，日月为光。禹前治道，蚩尤避兵。青龙扶毂，白虎扶衡。荧惑在前，辟除不祥。北斗诛伐，除去凶殃。五神道我，周游八方。当我者死，嫉我者亡。左右社稷，寇盗伏匿。行者得喜，留者有福。万神护我，永除盗贼。急急如律令。

凡欲为吉事、远行见贵人、上官赴任者，出地户，入天门，乘玉女而行咒曰：天门，天门，今日惟良。玉女侍我，左右游旁。行乘四出，不逢祸殃。君子一见，喜乐倍长。所求如意，万事吉昌。急急如律令。

凡欲入阵掩捕之事，即出天门，入地户，乘玉女而行咒目：喏喏哰哰，行无择日。及返无择期，随斗所指，与神俱出。天地反覆，中心所欲，皆得随意。使汝迷惑，以东为西，以南为北。追我者死。汝不得以算闭门而去。乘玉女，咒曰（皆一心虔诚）：玉女，玉女，玉女天神至矣。护我保我，侍我到私乡私里。窈窈冥冥，莫睹其形。人不闻其声，鬼不视其精。恶我者殃，百邪鬼贼，当我者灭，值我者亡。千万人中，见我者喜。急急如律令。

次以刀画地，蹑禁诸恶咒，先叩齿七通。

应北斗天罡气，以右手持刀画地。

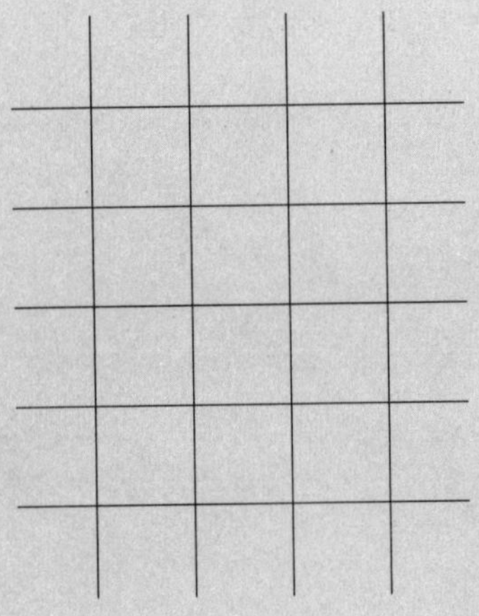

咒曰：律律令令，四纵五横，万鬼潜形。吾去千里者、万里者归。呵吾者死，叱吾者亡。恶我者自受其殃。急急如律令。又咒曰：律律令令，四纵五横。猛火烈兵，游行天下，据捉邪精。所有一切天魔外道，并向吾天罡敕下灭。急急如律令。

右前咒毕，更步三台星，自上台虚星为初步，次中台六淳、下台曲星。二步一咒：三台生我来，三台养我来，三台护我来。

《经》曰：诸欲止宿安营、辟病去害者，当用真人闭六戊之法。百恶莫敢近，神验秘之。为术之法，先置其营，落讫在旬中之戊上。

假令甲子旬中戊在辰上，以刀众鬼门起，在左行画地一周；次取中央土一斗，分置六戊之上，六处各置十一斗。土置，乃于取土之处入中央咒曰：太山之阳，常山之阴，盗贼不起，虎狼不行，城郭不完。闭以金关，千凶万恶，莫之敢干。仍在营中宿，不获出也。欲验六戊之法者，先置营落讫，施六戊土，取有犊牸牛，击其母于营，其犊终不敢入。欲令入，举一戊上土，犊即从宫处而入。甲子旬，戊在辰；甲午旬，戊在寅。他仿此。

遁甲门户神名

璋曰：门户神名，出军行来，并宜用之神名：

甲子旬，门名徐仪，户名公孙齐，解衣而去；

甲戌旬，门名天河，户名徐何，仰天大呼而去；

甲申旬，门名司马光，户名石战，解冠而去；

甲午旬，门名石众，户名于可，解衣振迅去；

甲辰旬，门名公孙错，户名司马胜，解发更结而去；

甲寅旬，门名公孙光，户名司马强，解带而去。

大将军出入及行，无问多少，住上之方，必法变也。以六为法，大将军列士卒，左旋入太阴中，呼门神名，咒曰：某甲有急，请神佐我佑我，匿我藏我，无使敌人伤我。覆我盖我，五兵摧拆，无令至我。当我者死，视我者亡。使敌人冥冥嘿嘿，视我迷为惑为者。乱其魂魄，使敌人不敢起。咒讫，令士卒左旋直去，勿反顾，藏于六癸之下者。

假令甲子旬中六癸在酉，他仿此。

行千里法

《经》曰：夫欲行千里，咒曰：六甲九章，天圆地方。四时五行，日月为光。禹前治道，蚩尤避兵。苍龙扶毂，白虎扶衡。荧惑前引，辟除不祥。北斗诛伐，去除凶殃。五神从我，周游四方。当我者死，向我者亡。左右社稷，寇贼伏匿。行者有喜，留者有福。五神护佑，所求者得。急急如律令。

出三奇吉门

《经》曰：出六乙门，禹步三，咒曰：白虎除，道路当遵吾。慎勿陪，仁德之士便来助。

出六丙门，禹步三，咒曰：天罡扬威武，当从青龙与白虎。行诛天贼及□□，敢有不从伏天斧。

出六丁门，禹步三，咒曰：玉女名神母，呼而问之道所在，当从斗表入斗里，清冷之渊多神草，拆以自障句骇。

凡出三奇吉门，事远亦可直去，志心信之，其神立验，慎勿反顾。

真人步斗法

《步斗经》曰：夫步可以通神。当以夜半居星下，白垩画地，作九斗。星间相去三尺，天蓬从天罡起，随次第之。人居魁前，逆布之正，立天英而歌《斗经》。诵前至天英，便先举左足，并呼星名，以次依经步之左右，更遍履之如后。此法为之百日，即与神人通矣。秘之勿泄。于非人殃堕，九祖盗视者，无验也。乃诵曰：斗要妙兮十二神，承光明兮威武陈。气仿佛兮如浮云，七变动兮上应天。知变化兮有吉凶，入斗宿兮遇天关。合律吕兮治甲荣，履天英兮度天任。清冷渊兮可陆沉，扳天柱兮拥天心。从此度兮登天禽，倚天辅兮望天冲。入天芮兮出天蓬，斗道通兮刚柔济。天福禄兮流后世，杳杳冥冥兮千万岁。急急如律令。

九星式:

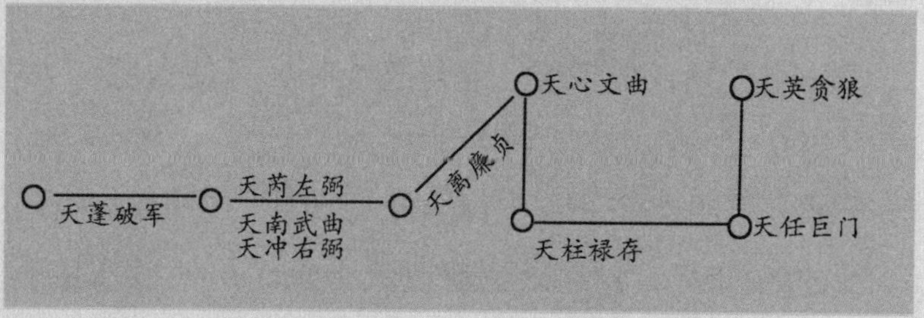

六甲阴符

《经》曰：凡为上将，遇其敌，须作六甲阴符，令敌人自诛。故曰：宁与人千金，不与人六甲之阴。天地之间，此遁最禁。藏之金匮，贯之于心。不传非人，慎勿轻法。盗视者盲，读者喑。须斋戒，若污犯者，则无验矣。六甲之阴者：

甲子旬，阴在丁卯，其神兔首人身；

甲戌旬，阴在丁丑，其神牛首人身；

甲申旬，阴在丁亥，其神猪首人身；

甲午旬，阴在丁酉，其神鸡首人身；

甲辰旬，阴在丁未，其神羊首人身；

甲寅旬，阴在丁巳，其神蛇首人身。

作符之法

凡作符之法，常以月蚀之时伐牡荆，或梧桐阴上枝，亦可用，长九寸、广二寸、厚二分，以雌黄气画其神像，并神名著像之下：

丁卯神名孔林，字旋音。若人吹笳，可使致人物。

丁丑神名梁邱，字叔音。若犬俱嗥，可使远行人情。

丁亥神名陵成，字陆音。若坏城声，可使致大小平地成山林。

丁酉神名费扬，字多音。若群鸟夜鸣，可使致威。大呼嘘，万人恐。

丁未神名玉屈，字奇音。若群兽入城门，可使致饮食。

丁巳神名许咸，字池音。若鱼跃于泉，可使致水虫有甲之类。

凡画符讫，以锦囊盛之，大将自随身。若有兵时，便出当旬之符于囊外，以指敌人，敌人自败，不可赶反兵也。

凡取木时，必先斋戒。以酒一升、鹿脯三朐、盐一杯，维祭之日，以白苑为籍，向北与子俱游变化某身，以子所指莫敢服者，谨奉清酌美脯，愿如飨之。咒讫，再拜三。咒毕，乃伐木。取木时，勿令旁有秽污之物及女子、狗见之。先受持之法，斋戒五日，沐浴兰汤，食香洁净饮，勿食五腥之物，乃可画符。竟六甲之日夜半，醮于坛之上。为坛方一丈二尺，外埒方十二丈，开十二时辰门，以竹为纂，纂长三尺。一云九天随色列上埒六阴之符坛上衣位色。以色绘彩三尺五寸为藉，各置酒三杯、脯三斤、盐一杯，向坐再拜，跪呼其四方堂之长、六甲阴神名者。

假令甲子日阴在丁卯口正东，再拜而呼其神而咒之。以锦帛为囊，盛阴符，常随身，则百鬼万兵不能侵。以阴符指，敌人自灭。若仓卒无坛，但于庭中野外画地为之仿。

履阴符令敌人不起

《经》曰：能履阴符者，令敌人不起。为兵之法：甲乙日平旦南向；丙丁日食时西向；戊己日日中北向；庚辛日日映东向。各皆所向，取方寸桃枝，书其姓名，著左履下。所求者必得。便咒曰：恶恶不善大逆，骂天地，骂日月，伐社稷，使君不得血食。君便持之，吾自与君击之，阴阳之神共来诛之。先于地上画敌人之像，从月建上来，呼其人姓名，随六甲之神所在灭之，则敌人仇怨，自消亡矣。

六甲所在者

甲子旬神在头；甲戌旬神在左足；甲申旬神在右足；甲辰旬神在左手；甲寅旬神在右手；甲午旬神在体腹。

凡军行遇恶风、旗竿倒折者，取四穷上土作泥人，长三寸，手持桃弓、苇矢，执刀披发，向风三叩齿，咒曰：天有四狗，以守四境。吾有四狗，以守四隅。以城为山，以池为河。越盗不敢过，来者不得进，去者不得还。急急如律令。咒毕，弃之而去逆风之道，则灾殃消除也。

遁甲符应经后序

永乐十二年孟陬之月，注《历书》，用遁甲三奇吉门。三奇者，天上乙、丙、丁也。吉门者，开、休、生也。奇门会合之方利，宜出师征讨。九天之上，利以陈兵；九地之下，利以藏兵。予观诸家兵书，无出于《孙子》十三篇，乃兵家之枢机。故《军形篇》曰：善攻者，动于九天之上；善守者，藏于九地之下。故能自保而全胜也。明天将，知地理，察人事，战攻决胜，则可为良将矣。今稽遁甲之书，惟《景祐遁甲符应经》，亦兵家之枢机，义与《孙子兵法》相符合而用之也。其中立术精密，凡诸神煞先述其事实，以立假令。条分类别，参订考较，详明允备，使人知所观览，又便于检阅也。故圣人立法，可以出军征伐，战胜克敌，遇寇捕贼，立营置阵，出天门，入地户，隐迹藏形，无出其右也。至于民间日用、上官嫁娶、远行移徙、参贤谒贵、商贾求财、登科取索、射猎博戏，万事皆准，无有不验。上以利国，下以济民，实万世之良法也。特用工重刊，以广其闻。庶使将者有所稽，术者有所济云耳。

时永乐岁在甲午孟秋良日，秦台子登仕郎钦天监五官司历王巽曳专序。